TOUS LES MARKETEURS ~~SONT DES MENTEURS~~

racontent des histoires

Seth GODIN

TOUS LES MARKETEURS ~~SONT DES MENTEURS~~ racontent des histoires

Le pouvoir du storytelling authentique

Traduit de l'anglais (américain) par Michel Edéry

DUNOD

L'édition originale de cet ouvrage a été publiée aux États-Unis par Portfolio de Penguin Publishing Group, division de Penguin Random House, sous le titre : *All Marketers are Liars: The Power of Telling Authentic Stories in a Low-Trust World.*

Photo de couverture : © Brian Bloom

Éditorial : Laure Duclaud et Roxane Vincent

Fabrication : Bertrand Thévenot

Mise en pages : Nord Compo

Conception de couverture : Studio Dunod

11 rue Paul Bert, 92240 Malakoff
www.dunod.com

ISBN 978-2-10-084317-6

Sommaire

Introduction

Vous croyez des choses qui ne sont pas vraies. Ou, autrement dit, beaucoup de choses ne sont vraies que parce que vous y croyez.

Les idées que je développe dans ce livre ont conduit à l'élection d'un président et au développement d'organisations à but non lucratif. Elles ont permis à quelques individus de devenir milliardaires et ont contribué à renforcer des mouvements sociaux. Elles ont également abouti à des emplois formidables, à des rendez-vous divertissants ainsi qu'à un nombre certain d'interactions significatives.

J'ai vu des exemplaires de ce livre dans les locaux de partis politiques à l'occasion de campagnes électorales, et brandis dans des conférences de toute nature, j'ai également reçu des emails de lecteurs qui l'ont utilisé au Japon, en Angleterre et même, je vous assure que c'est vrai, à Akron dans l'Ohio. Les idées que vous y trouverez fonctionnent parce qu'elles sont de simples outils pour comprendre comment les gens réagissent lorsqu'ils vous rencontrent, vous ou votre entreprise.

Voici la première idée de ce livre : nous croyons ce que nous voulons croire, et une fois que nous le croyons, cela devient vrai (quelques paragraphes plus bas, vous trouverez la deuxième partie de ce résumé).

Si vous pensez que ce vin (plus cher) est meilleur, alors il l'est. Si vous pensez que votre nouvelle patronne sera plus efficace, elle le sera. Si vous aimez la façon dont une voiture se comporte sur route, vous aimerez la conduire.

Cela vous semble tellement évident ? Pourquoi, dans ce cas, cette évidence est-elle si souvent oubliée ? Oubliée par les professionnels du marketing, par les consommateurs habituellement rationnels et par nos dirigeants.

Lorsque nous allons au-delà de la simple satisfaction des besoins, nous entrons dans l'univers complexe de la satisfaction des désirs. Et les désirs sont tout à la fois difficiles à mesurer et à comprendre. C'est la raison pour laquelle le marketing est un exercice fascinant.

Voici la deuxième idée de ce livre : si vous racontez des histoires aux gens qui souhaitent en entendre, vous serez tenté d'en inventer certaines qui ne tiendront pas la route. Mensonges. Déceptions.

Cette manipulation a très bien fonctionné pendant un temps. Le sénateur Joseph McCarthy est devenu célèbre pour ses mensonges à propos de la « menace communiste ». Dans les pays développés, les entreprises qui commercialisent de l'eau minérale en bouteilles ont gagné des milliards en mentant sur la prétendue pureté supérieure de leur produit comparé à l'eau du robinet.

Il se trouve que mentir n'est plus rentable aujourd'hui. Pour la simple raison que si vous fabriquez une histoire qui ne tient pas la route, vous serez démasqué. Très vite.

Évidemment, il est tentant de nommer un démagogue vice-président, mais la réalité aura vite fait de contredire ses pratiques. Il est tentant de bâtir un discours élégant à propos des prétendues qualités de telle ou telle technologie ou de la soi-disant excellence de votre service clients, mais une fois sur le marché, les gens « parlent », et si vous avez menti, vous êtes grillé.

C'est la raison pour laquelle je crois que ce livre est l'un des plus importants que je n'aie jamais écrits. Il traite des deux faces d'une réalité universelle : l'une a permis de bâtir toutes les marques, les entreprises, et de former les candidats qui ont rencontré le plus de succès, l'autre reste méconnue et nous n'avons guère de mots pour la décrire.

Voici les questions que, je l'espère, vous poserez (à votre patron, à vos collègues, à vos clients) lorsque vous aurez fini de lire ce livre :

- « Quelle est votre histoire ? » ;
- « Est-ce que les gens qui entendront cette histoire vont y croire ? » ;
- « Est-ce que c'est vrai ? ».

Nous voyons tous les jours s'effondrer des marques technologiques mondiales parce qu'elles n'ont ni posé ni répondu à ces questions. Nous voyons de bons candidats n'avoir qu'une faible audience, et les plus mauvais mordre la poussière. Certaines entreprises de taille moyenne sont tellement obnubilées par ce qu'elles font qu'elles en oublient de prendre le temps d'écrire l'histoire qui doit expliquer pourquoi elles existent. Et ainsi de suite.

Si ce que vous faites a de l'importance, vraiment del'importance, j'espère que vous prendrez le temps de raconter une histoire. Une histoire qui résonne, et qui peut devenir vraie.

Le fait est que je me suis totalement fourvoyé en racontant l'histoire de ce livre. Sa première couverture donnait l'impression qu'il s'agissait d'un livre sur le mensonge, et que je considérais les professionnels du marketing comme des menteurs. Ceux qui ont pris la peine de lire l'ouvrage ont compris que ce n'était pas le cas, mais le mal était fait. Une histoire avait été dite.

Je me suis trompé.

Dans le monde de l'édition, il est rare d'avoir une seconde chance de publier un livre. Je suis donc particulièrement heureux que mon éditeur ait accepté de le faire sous une nouvelle couverture, et que cela ait fonctionné. Vous en tenez la preuve entre les mains.

Allez raconter une histoire. Si elle n'a pas d'écho, inventez-en une autre.

Lorsque vous aurez construit une histoire qui fonctionne, vivez-la, faites en sorte qu'elle devienne réalité, qu'elle soit authentique et qu'elle résiste à toutes les investigations. Tous les marketeurs sont des raconteurs d'histoires. Il n'y a que les perdants qui sont des menteurs.

Points saillants

Je ne vais pas vous dire la vérité.

Je vais vous raconter une histoire. Une histoire qui vous expliquera pourquoi les marketeurs doivent renoncer à ne relater que des faits, pourquoi ils doivent plutôt raconter des histoires qui confortent les croyances des consommateurs et coïncident avec la vision du monde de ces derniers.

Ne vous méprenez pas. Il ne sera pas question ici d'une quelconque tactique, d'une méthode de manipulation ou d'une théorie parmi tant d'autres, mais d'une toute nouvelle manière de brasser des affaires. Dans ce livre, je vous parlerai d'un changement radical dans la façon de diffuser des idées. Car, à défaut de raconter des histoires qui se répandent, vous deviendrez inopérant.

Je commencerai par présenter les idées générales de cet ouvrage, puis je les disséquerai une à une dans l'espoir de vous aider à devenir, vous aussi, un bon conteur.

Au commencement était l'histoire

Bien avant le marketing, les messages publicitaires et les paniers d'achats électroniques, les êtres humains se racontaient des histoires. Ils observaient ce qui se passait autour d'eux et créaient des fictions. Constatant que le soleil se levait tous les matins, ils ont forgé la légende d'Hélios et de son chariot. Voyant leurs proches succomber aux maladies, ils ont inventé les humeurs et les saignées et ont cru que les barbiers faisaient de bons chirurgiens.

Les histoires nous permettent de comprendre plus aisément le monde. Ce sont les seuls moyens dont nous disposons pour faire circuler les idées.

Les marketeurs n'ont pas inventé l'art de conter des histoires. Ils l'ont seulement perfectionné.

Vous êtes un menteur

Moi aussi.

Tout le monde ment. Nous nous racontons des histoires parce que nous sommes superstitieux. Nous le faisons aussi parce que nous devons faire un tri dans l'information qui nous submerge. Les histoires facilitent notre vie, et nous en fabriquons sur à peu près tout : les produits, les services, nos amis, les gens qui trouvent du travail et ceux qui n'en trouvent pas, les Yankees de New York et parfois même le temps qu'il fait.

Les histoires dont nous nous abreuvons peuvent bien être fausses, nous choisissons quand même de les croire parce qu'elles nous aident à organiser notre vie. Et tant pis si nous ne nous disons pas toujours la vérité et seulement la vérité. Ce qui compte, c'est que nos mensonges soient utiles et que nous en soyons convaincus.

Nous débitons des histoires à notre conjoint, à nos amis, à nos supérieurs, à nos employés et à nos clients. Et, bien entendu, nous nous en racontons à nous-mêmes.

Les marketeurs sont des menteurs à part. Ils mentent parce que les consommateurs le leur demandent. Ils racontent des histoires que les consommateurs acceptent (ou non) de croire. Certains y excellent, d'autres n'y parviennent jamais tout à fait. Certaines histoires aident les gens à se surpasser, à jouir pleinement de leur existence et parfois même à vivre plus longtemps. D'autres (et ce sont les moins authentiques) ont des conséquences plus néfastes, et les consommateurs doivent en payer le prix.

Comme les consommateurs ont l'habitude de se raconter des histoires et d'en conter à autrui, tout naturellement, ils s'attendent à ce que les marketeurs en fassent autant. Les gens ne supportent pas la vérité.

L'histoire du souffleur de verre

Georg est souffleur de verre. Voilà dix générations que sa famille se transmet l'art très ancien du façonnage du verre. On me dit que c'est un homme très aimable. Ce qui est certain, c'est qu'il sait très bien raconter des histoires.

Sa compagnie fabrique des verres à vin, mais aussi des verres à scotch, des verres à whisky, des verres à expresso et même des verres à eau. Chez Georg Riedel, tout le monde croit passionnément qu'il y a une forme de verre distincte et idéale pour chaque boisson.

Voici ce qu'on peut lire sur le site web de M. Riedel : « Le "message" d'un vin – son bouquet et son goût – dépend de la forme du verre dans lequel il est servi. C'est au verre qu'il incombe de véhiculer le message du vin aux sens sollicités ».

Le rédacteur en chef du magazine *Wine Spectator*, Thomas Matthews, écrit à ce propos : « Tous ceux qui s'aventurent dans une dégustation de vins chez Georg Riedel sont initialement sceptiques. C'était mon cas ».

Mais ce scepticisme ne dure pas très longtemps. Robert Parker Jr., le roi des chroniqueurs vinicoles, n'hésite pas à affirmer que « du point de vue de la technique et du plaisir hédoniste de la dégustation, les plus beaux verres sont ceux que fabrique Riedel. L'effet de ces verres sur les grands crus est profond, ajoute-t-il. Je ne saurais insister assez sur les changements qu'opèrent ces articles ».

Parker, Matthews et des centaines d'autres lumières de l'œnologie sont devenus des inconditionnels de ces verres et, du même coup, les meilleurs marketeurs de bouche-à-oreille dont aurait pu rêver notre souffleur de verre. Des millions d'amateurs de vin ont ainsi été convaincus qu'un grand cru (ou de la piquette) a meilleur goût quand on le sert dans le bon verre de Riedel.

Les œnologues éminents qui se sont prêtés aux tests effectués en Europe et aux États-Unis sont affirmatifs : un vin est nettement meilleur quand on le sert dans le verre qui lui convient. Après avoir goûté au même vin dans un verre ordinaire et dans un verre de Riedel, ils ont presque unanimement déclaré que le produit de Riedel procurait une expérience sensorielle infiniment supérieure.

Voilà qui est révolutionnaire ! Un vin de 5 $, 20 $ ou 500 $ pourrait être radicalement amélioré quand on le sert dans un verre relativement peu coûteux (et de surcroît réutilisable).

Et pourtant, quand les tests sont effectués de façon à ce qu'il soit impossible de deviner la forme du verre, les participants ne remarquent aucune différence notable entre le goût du vin servi dans l'un ou l'autre verre. Un verre de 1 $ ou un verre de 20 $ a *exactement* le même effet sur le vin, c'est-à-dire aucun.

Que faut-il en penser ? Pourquoi les œnologues persistent-ils à dire que le vin a meilleur goût dans un verre de Riedel alors que les scientifiques prouvent on ne peut plus clairement le contraire ? La faille de ces tests, nous explique Daniel Zwerdling dans le magazine *Gourmet*, c'est que les gens trouvent le vin meilleur parce qu'ils sont convaincus qu'il devrait l'être. Quoi de plus logique, en effet ? Le goût n'est-il pas une chose subjective ? Si vous pensez que les crêpes sont meilleures au café du coin, elles le seront. Tout simplement parce que vous l'avez décrété.

Riedel gagne quelques millions de dollars par année grâce à ses verres. Il les vend à des amateurs de vin intelligents et bien nantis qui dégustent aujourd'hui leurs crus avec plus de plaisir qu'ils n'en éprouvaient jusque-là.

Le marketing rend le vin meilleur.

Sous la forme d'un verre à vin onéreux et de l'histoire qu'il raconte, le marketing a plus d'effet sur le goût du vin que les tonneaux de chêne, les bouchons de liège et la pluie au mois de juin. Georg Riedel rend votre vin meilleur parce qu'il vous raconte une histoire.

Mes meilleurs amis sont des menteurs

Arthur Riolo est un conteur d'histoires de très haut calibre. Il vend des maisons dans la petite ville où je suis né, au nord de New York. Il vend énormément de maisons. Tous ses concurrents réunis n'en vendent pas autant. Mais il faut dire qu'il ne vend pas n'importe quoi.

N'importe quel agent immobilier peut vous parler des caractéristiques d'une maison ou des impôts fonciers qu'il vous faudra supporter. Arthur ne le fait pas. Il vous invite plutôt à faire une promenade en voiture avec lui. Il arpente les rues et vous montre toutes les maisons qu'il croise sur son chemin, même si elles ne sont pas à vendre. Il vous parle des gens qui les habitent, de ce qu'ils font dans la vie, du nom de leur chien et de l'école de leurs enfants. Il vous raconte comment ils ont trouvé leur maison et combien ils l'ont payée. Il vous parle aussi de la ville, des activités sociales qu'on y pratique, des associations qui y naissent et disparaissent et des petites rivalités entre quartiers. C'est après (et seulement après) cette visite qu'Arthur vous montre les maisons à vendre.

Je ne sais pas si c'est à cause de sa camionnette bringuebalante, de la réputation dont il jouit dans la ville ou du plaisir évident qu'il éprouve à se retrouver dans cette communauté, mais le fait est que, tôt ou tard, les gens finissent par s'adresser à lui pour acheter une maison. Pas parce que les maisons qu'il propose sont plus belles que d'autres, mais parce que son histoire est bonne.

Bonnie Siegler et Emily Oberman savent elles aussi esquisser des histoires. Ces conceptrices graphiques, qui se sont imposées dans le marché le plus concurrentiel du monde (celui de New York), proclament volontiers que leur succès est purement accidentel. Leur agence, Number 17, compte des clients comme NBC, *Sex and the City* et l'hôtel Mercer.

Tout ce qui a trait à leur agence, son emplacement, son personnel, ses bureaux et sa personnalité, raconte une histoire : celle de deux femmes charismatiques et follement drôles dont le travail iconoclaste ne plaît pas à tout le monde. Leur site web fait tout juste une page, et certaines personnes y ont relevé des erreurs typographiques. Leurs bureaux sont situés dans un immeuble anonyme, à l'angle un peu bizarre de deux rues de New York, et la porte derrière laquelle l'agence semble se dissimuler ne porte même pas de nom. Mais il suffit d'y pénétrer pour se sentir aussitôt envahi par une atmosphère de gaieté, de nostalgie, d'étrangeté et d'énergie brute.

On n'achète pas forcément les concepts graphiques de Number 17. On achète l'ambiance qui les entoure.

En résumé, qu'ont en commun l'immobilier, la conception graphique et les verres à vin ? Pas grand-chose. Certainement pas les prix, la fréquence des achats, les supports publicitaires ni même les ventes aux consommateurs. Tout ce qui réunit ces choses, c'est que, dans tous les cas, on n'achète pas des faits. On achète une histoire.

Des désirs et des besoins

Est-il vraiment important que la Porsche Cayenne, qui coûte 75 000 $, et la VW Touareg, proposée à 50 000 $, soient fabriquées dans la même usine et soient pratiquement identiques ? Ou que votre nouvel ordinateur portable ne soit pas manifestement plus rapide que celui qu'il a remplacé ? Pourquoi les consommateurs sont-ils prêts à payer plus cher pour des œufs présentés comme étant dépourvus de la moindre trace d'antibiotiques, alors que toutes les poules destinées à la ponte sont élevées sans antibiotiques, même celles qui donnent les œufs meilleur marché ? Les faits n'ont aucune pertinence ici. À court terme, il n'importe absolument pas qu'un produit soit réellement plus rapide, plus efficace ou de meilleure qualité qu'un autre. Seul compte ce que croient les consommateurs.

Autrefois, les entreprises pouvaient réaliser des profits en vendant tout simplement des marchandises ou des biens de consommation courante. La fabrication de produits moins chers et de meilleure qualité était la voie la plus sûre vers la croissance et la rentabilité. Les règles ont changé. Aujourd'hui, il ne manque pas d'entreprises pouvant fabriquer des produits moins chers que les vôtres, et vous pouvez difficilement offrir un produit ou un service de qualité supérieure au même prix que vos concurrents.

Les marketeurs génèrent des profits parce que les consommateurs achètent ce qu'ils désirent et non ce dont ils ont besoin. Les besoins sont pratiques et objectifs, alors que les désirs sont irrationnels et subjectifs. Quel que soit le produit que vous vendez et quels qu'en soient les destinataires (entreprises ou consommateurs), la croissance et la rentabilité reposent aujourd'hui sur la satisfaction des désirs, et non sur celle des besoins. (Bien entendu, votre produit doit réellement satisfaire les désirs en question, et pas seulement donner l'impression de le faire.)

Vos Puma changent-elles vraiment votre vie ?

Dans les pages qui suivent, j'expliquerai pourquoi les gens se mentent à eux-mêmes et pourquoi les histoires leur sont à ce point nécessaires pour survivre au déluge d'informations qui les assaille.

Les gens croient aux histoires parce qu'elles les captivent. Ils se racontent des sornettes sur ce qu'ils vont acheter. Ils convoitent les objets qui vont prétendument leur faire gagner du temps ou les rendre plus beaux et plus riches. Et ils connaissent leurs cordes sensibles beaucoup mieux que les marketeurs eux-mêmes. Ils s'investissent tout entiers dans des contes merveilleusement vrais qui les persuadent que l'achat qu'ils vont faire répondra sans aucun doute à leurs besoins les plus profonds.

Il y a une heure, j'ai vu une histoire transformer le visage de Stéphanie, une physiothérapeute de la part de qui on aurait pu s'attendre à plus de logique. Stéphanie s'apprêtait à acheter des sneakers de marque Puma fabriquées en série limitée. Ces chaussures allaient lui coûter 200 $, soit ce qu'elle gagne avant impôts pour une longue journée de travail.

Stéphanie s'intéressait-elle au soutien de la chaussure, au matériau de la semelle ou à la durabilité de la doublure ? Bien sûr que non. Elle se voyait tout simplement en train de porter ces sneakers. Elle imaginait à quel point sa vie allait changer quand les gens la verraient dans ces chaussures qui lui donneraient l'air si cool. Elle s'identifiait à l'image d'une professionnelle adulte et responsable qui pouvait se permettre d'acheter une paire de souliers affreusement chère si elle voulait. En d'autres mots, elle était totalement captivée par le mensonge qu'elle échafaudait à son intention : elle se racontait des histoires.

Le produit qu'achetait Stéphanie n'était pas une paire de sneakers (fabriquée en Chine pour 3 $), mais bien l'état d'esprit qu'elle procurait. Elle aurait pu se chausser convenablement pour trois fois rien. Mais les marketeurs ne lui ont pas vendu des chaussures ; ils lui ont vendu une histoire qui en faisait une personne unique au monde. Ce sont les histoires (non pas les idées, non pas les caractéristiques ou les avantages du produit) qui circulent de consommateur à consommateur.

N'allez pas croire que tout cela était fortuit. Puma s'est appliqué avec le plus grand soin à raconter cette histoire d'apparence, d'appartenance et de mode. Sa réussite est entièrement fondée sur sa capacité à bien raconter cette histoire.

Les bonnes histoires

Les bonnes histoires marchent quand elles sont aptes à capter l'imagination d'auditoires importants en nombre ou en qualité.

Les bonnes histoires sont vraies. Vraies, non pas parce qu'elles sont factuelles, mais parce qu'elles sont cohérentes et authentiques. Les consommateurs sont beaucoup trop savants dans l'art de repérer les incohérences pour que le marketeur puisse se permettre de ficeler une histoire n'importe comment. En faisant construire l'immeuble de son siège social en forme de panier, la Longaberger Corporation exprimait son obsession pour les produits qu'elle vend (des paniers), obsession qui est l'un des aspects essentiels de l'histoire qu'elle raconte.

Le siège social de la compagnie Longaberger, à Dresden, en Ohio, aux États-Unis.

Les bonnes histoires véhiculent une promesse. Elles promettent le plaisir, la prospérité, la sécurité, l'efficacité. La promesse doit être ferme et audacieuse. Elle ne doit pas se contenter d'être bonne ou même très bonne ; elle doit être exceptionnelle, sans quoi il ne vaut pas la peine de s'y arrêter. Phish propose à ses légions d'adeptes une expérience radicalement différente du concert. En promettant des soirées transcendantales de musique en direct, le groupe est parvenu à atteindre des millions d'auditeurs, qui n'ont eu aucun mal à oublier les mélodies insipides que déversaient leurs postes de radio. Phish a fait une promesse et, plus encore, il l'a tenue.

Les bonnes histoires sont fiables. La confiance est devenue une denrée rare. Personne ne croit plus personne. Les consommateurs ne font pas confiance aux femmes un peu trop belles qui commandent une vodka dans un bar (elles sont payées par la compagnie de spiritueux, pensent-ils). Ils n'accordent pas leur confiance aux porte-parole des messages publicitaires (l'illustre Rula Lenska ne leur dit pas grand-chose) et se méfient des sociétés pharmaceutiques (ils ont appris que le Vioxx tue). En conséquence, aucun marketeur ne peut raconter une histoire avec succès s'il n'a pas acquis la crédibilité indispensable pour le faire.

Les bonnes histoires sont subtiles. Aussi surprenant que cela puisse paraître, moins le marketeur en dit, plus l'histoire gagne en puissance. Les marketeurs talentueux savent que, au bout du compte, c'est le client potentiel qui tisse ses propres mensonges et s'en convainc. Il est donc beaucoup plus efficace de le laisser tirer ses propres conclusions à propos d'une histoire (comme le fera le reste de la clientèle cible) que de lui en révéler tout de go le dénouement.

Les bonnes histoires captivent. Elles mobilisent le consommateur aussitôt qu'elles commencent. Les premières impressions sont beaucoup plus déterminantes que nous avons tendance à le croire. Nul besoin d'épaisses brochures en couleur ou de réunions sans fin pour générer de bonnes histoires. Celles-ci donnent une forme claire à la vision du monde que le consommateur cherche à exprimer et se modèlent fidèlement sur les attentes de ce dernier. Voilà pourquoi on est immédiatement réceptif à ce qu'offre une Prius ou on ne l'est pas du tout.

Les bonnes histoires ne font pas appel à la logique, mais aux sens. Les phéromones n'ont rien d'un mythe : une simple odeur peut nous inciter à aimer ou à ne pas aimer quelqu'un. De même, sur le plan visuel, la forme d'une théière Alessi aura infiniment plus d'effet sur les consommateurs qu'un article savant sur l'art d'infuser le thé.

Les bonnes histoires s'adressent rarement à tout le monde. Les gens ordinaires ont une capacité extraordinaire de vous ignorer. C'est que chacun a des points de vue différents sur la vie, chacun se cantonne dans son univers. En voulant raconter une histoire qui plaira à tout le monde, vous finirez par ne plaire à personne. Les bracelets LiveStrong, vendus au profit d'institutions caritatives, ont connu un succès foudroyant parce qu'en les distribuant on ciblait la vision du monde d'un tout petit public, qui a ensuite fait circuler l'histoire.

Les bonnes histoires ne se contredisent pas. Si votre restaurant est très bien situé, mais que son menu n'est pas fameux, vous êtes perdant. Si votre galerie d'art présente les œuvres de grands artistes, mais que vos employés se comportent comme des vendeurs de voitures d'occasion, vous êtes perdant. S'il y a de charmants petits bois dans votre lotissement, mais qu'on y a édifié d'horribles maisons de style

McDonald's, vous êtes perdant. Les consommateurs sont intelligents et, très rapidement, ils verront clair dans votre jeu.

Enfin, et surtout, les bonnes histoires coïncident avec notre vision du monde. Elles ne nous apprennent rien de neuf, mais nous confortent plutôt dans ce que nous croyons. Elles nous rassurent et nous convainquent de notre intelligence parce qu'elles prouvent que nous avons toujours eu raison.

Les mauvaises histoires : la plaie des télévendeurs

Il est 17 h 30. Je suis en train de préparer le repas quand le téléphone sonne. L'afficheur donne un numéro et un indicatif régional que je ne reconnais pas. Le message texte indique : Téléservices AAA. Je devine déjà l'histoire...

Cette histoire, pas très jolie, c'est celle de quelqu'un qui veut me faire perdre mon temps, me dépouiller, me flouer. Je sais qu'il me suffira de répondre pour que mon nom s'ajoute automatiquement à la liste des nombreuses victimes auxquelles quelqu'un essaiera de vendre quelque chose. Tant pis, je me risque quand même...

– Allô ?

Mon scénario se confirme en moins d'une seconde. J'entends d'abord le déclic du système de composition téléphonique par ordinateur qui suit la réponse de l'abonné. Puis le système relaie mon appel à un télévendeur. Ensuite, j'entends le bruit de fond chargé de nervosité d'un local de vente sous pression. Avant que le vendeur ait prononcé un mot, son histoire était déjà concoctée, racontée et vendue. Aucun intérêt.

Par pur esprit de recherche, je reste en ligne au lieu de raccrocher.

Le vendeur débite un discours préparé d'avance. Il aligne au moins dix phrases sans s'arrêter. Il lit le texte qu'on lui a donné sans aucune conviction, et les mots savants qu'il emploie ne concordent pas du tout avec son ton de voix un peu grossier.

Je ne l'écoute plus depuis longtemps. Mais mes oreilles se dressent quand même lorsqu'il en vient au mensonge le plus flagrant, le plus transparent : « Je travaille pour l'association des policiers de l'État de New York et je recueille des fonds pour nos activités bénévoles... ».

Faut-il s'étonner que plus de 50 millions de personnes aient fait retirer leur nom des listes d'appels non sollicités en l'espace de quelques semaines ? Le télévendeur a peut-être une histoire à raconter, mais personne ne veut l'écouter.

Les bonnes histoires : les produits Kiehl's Since 1851

À l'époque où les achats en ligne n'existaient pas encore, une collègue de Boston m'avait demandé de faire quelques courses pour elle dans une obscure pharmacie de Manhattan portant le nom de Kiehl's Since 1851. Elle m'avait expliqué qu'on y vendait une lotion spéciale pour la peau et, toujours prêt à rendre service, j'avais accepté de faire un petit détour pour aller lui en chercher quelques bouteilles.

J'entrai dans ce minuscule magasin sans rien connaître de Kiehl's, mais très curieux de comprendre pourquoi ma collègue voulait absolument se procurer une lotion qu'on ne vendait qu'à des centaines de kilomètres de chez elle. La première chose que je vis en arrivant, ce fut une motocyclette Ducati et un avion de voltige miniature.

Je fus aussitôt intrigué. Pourquoi ce magasin, dont le loyer était très certainement élevé, tenait-il à exhiber des articles volumineux qui n'avaient de toute évidence aucun rapport avec les lotions pour la peau ? Le reste du magasin était tout aussi surprenant. Les planchers en bois équarri dataient d'au moins un siècle. Les employés étaient nettement mieux formés que ceux que j'avais l'habitude de rencontrer dans les pharmacies. Les étiquettes offraient des renseignements détaillés, et tous les articles avaient été disposés avec le plus grand soin.

Le message était clair et net : vous êtes dans le magasin d'un individu et non d'une société.

Seul un individu (et il me semblait évident qu'il devait être de sexe masculin) pouvait allouer autant de place à des choses relevant de ses passe-temps. Seul un individu pouvait faire preuve de tant de minutie dans la description des formules, la préparation des étiquettes et la disposition impeccable des articles. Dans un marché inondé par des concurrents anonymes, ce magasin offrait l'ultime rareté : des cosmétiques authentiques fabriqués par une personne qui y mettait tout son cœur.

Le magasin fourmillait d'autres petites informations. On y trouvait notamment des fiches détaillées portant sur les tests effectués sur les animaux, les courses de motocyclettes, les fondateurs de l'entreprise et la clientèle. Certes, les prix étaient faramineux. Mais même les bouteilles contenant les produits Kiehl's étaient plus originales que celles qu'on vend, vides, ailleurs (c'étaient et ce sont encore des fabrications artisanales). Je pris la lotion pour ma collègue et je rentrai chez moi, non sans avoir d'abord acheté une crème à raser à mon usage et une savonnette pour ma femme. Et comme cela arrive si souvent dans les petites entreprises familiales, les employés insistèrent pour me donner des échantillons d'autres produits.

Je ne suis pas le seul à avoir vécu cette expérience fascinante. Kiehl's Since 1851 est aujourd'hui une marque fétiche. Vendus dans te monde entier dans des magasins sélects axés sur la qualité du service, les produits de l'entreprise lui rapportent chaque année des millions de dollars de profit. Son histoire est irrésistible et nous succombons facilement au mensonge que nous nous racontons à cet égard. Si facilement que la plupart des clients du magasin ont été scandalisés en apprenant que la géante de l'industrie Estée Lauder en était la propriétaire depuis plusieurs années.

La marque vaut-elle le prix qu'on facture aux clients ? Disons que si l'on établit la valeur en comparant le prix facturé au coût des matières premières, la réponse est évidemment non. Mais si le consommateur détermine la valeur d'un produit en fonction de l'expérience que lui a procurée son achat et du bien-être que lui procurera son utilisation, la question ne se pose même pas.

Kiehl's est-il un magasin pour tout le monde ? Pas encore. Seules les personnes ayant une certaine vision du monde s'y intéressent et, parmi celles-là, seul un petit groupe est entièrement séduit par l'histoire du commerce, par le mensonge qu'il tisse. Ces derniers deviendront des inconditionnels de la marque et feront ensuite circuler l'histoire dans leur entourage. Si une consommatrice croit qu'un produit cosmétique doit être bon marché, hyperconnu ou identique à celui que sa meilleure amie utilise, elle ne remarquera même pas la marque Kiehl's. Mais si sa vision du monde la pousse à chercher quelque chose de surprenant, de personnel et de profondément original, elle sera captivée par l'histoire.

Le plus ironique, c'est que Kiehl's n'a jamais songé que son succès pouvait dépendre de l'histoire qu'elle racontait. Cette marque est l'œuvre d'un individu un peu excentrique qui a eu assez de chance pour que son histoire concorde avec la vision du monde des gens qui achetaient ses produits. En d'autres termes, ce n'est pas Kiehl's qui a orchestré le marketing de ses produits, mais ses clients. Kiehl's a raconté une histoire, mais ce sont ses clients qui se sont convaincus du mensonge et en ont convaincu leurs connaissances.

Le marketeur accidentel

Qui a décrété que les barres de céréales étaient des aliments sains ?

Certainement pas l'association américaine des fabricants de barres de céréales (qui n'existe pas, bien sûr). Ni Quaker, ni Alpen. Tout le monde le sait : la plupart des barres de céréales sont bourrées de sucre et de graisses saturées. Mais, bien que rien de cela ne soit très bon pour la santé, les consommateurs ont décidé que ces aliments étaient sains et nutritifs. Ils en ont fait les étendards de l'ère hippie et du New Age, les symboles du retour à la nature, les en-cas indispensables à emporter avec soi à l'occasion d'une randonnée en forêt, les collations qu'on ose grignoter dans une salle de gym...

Les gros marketeurs sont entrés en scène alors que les consommateurs croyaient déjà cette histoire, et ils se sont bien entendu empressés d'en tirer profit. N'hésitant pas à déployer l'arsenal le plus coûteux de leur art, ils ont lancé toutes sortes de boîtes, de marques et de slogans. Mais bien avant que les tactiques enseignées dans les écoles de commerce n'imposent leur loi, l'histoire des barres de céréales avait prouvé une chose : les consommateurs sont complices du marketing. Ils croient les histoires. Sans cette croyance, le marketing serait impossible. Ses praticiens auront beau consacrer des centaines de milliers de dollars à la promotion d'un produit, rien ne se produira si les consommateurs ne croient pas au plus profond d'eux-mêmes à l'histoire qu'on leur raconte.

Les marketeurs ne sont pas vraiment des menteurs

Je n'ai pas été tout à fait honnête avec vous en donnant à ce livre son titre. Les marketeurs ne sont pas véritablement des menteurs, seulement des conteurs. Les vrais menteurs, ce sont les consommateurs. Les consommateurs (dont je fais partie) se mentent tous les jours. Ils se racontent des sornettes à propos des vêtements qu'ils portent, de la vie qu'ils mènent, des gens pour qui ils votent, du travail qu'ils font. Les marketeurs talentueux sont les conteurs d'histoires auxquelles les consommateurs ont choisi de croire.

Ce livre parle de la psychologie de la satisfaction. Je crois fermement que les gens se racontent des histoires puis font tout ce qui est en leur pouvoir pour les rendre vraies. J'appelle « mensonge » l'histoire que croit le consommateur. De plus, j'affirme que lorsqu'une personne découvre un beau mensonge qui lui profitera s'il se répand, elle le rapporte égoïstement aux autres et n'hésite pas à l'embellir.

Qu'elle vienne du marketeur ou du consommateur, une bonne histoire est la source de satisfaction la plus profonde des clients. C'est elle qui génère la croissance et le profit et c'est d'elle dont dépend l'avenir de votre entreprise. Il n'est peut-être pas si important, au fond, de savoir qui ment à qui, pourvu que tout le monde soit de mèche et que l'histoire soit bien contée.

Ceci est un livre sur le mensonge

Le paradoxe, c'est que c'est aussi un livre sur la vérité. Celle qu'on dit, mais surtout celle qu'on vit.

La seule manière de vous assurer qu'on croie votre histoire, la seule façon d'amener les gens à se convaincre de ce mensonge dont vous dépendez et de permettre à votre idée de se répandre, c'est de dire la vérité. Et dire la vérité, c'est vivre et incarner l'histoire que vous racontez – c'est être *authentique*.

À plus ou moins long terme, on s'aperçoit que les meilleures histoires que content les marketeurs sont en fait vraies. Il suffit de participer à une réunion sur une mise au point de produit chez Nike, d'assister à une séance d'enregistrement chez Blue Note ou de s'entretenir quelques minutes avec Pat Robertson pour se rendre compte qu'aucun de ces marketeurs ne s'emploie à trouver des façons inédites et insidieuses de tromper leur public. Au contraire, ils vivent leurs histoires et s'en imprègnent de tous leurs pores. Non contents de mentir au public, ils se mentent à eux-mêmes.

Voilà la clé qui ouvre toutes les portes : la fusion inconditionnelle avec l'histoire que vous racontez.

Une petite mise en garde : soyez conscient de votre pouvoir

Je suis convaincu que le marketing est l'outil de changement le plus puissant dont nous disposons aujourd'hui. Or, pouvoir rime avec responsabilité. Tous ceux et toutes celles qui ont la capacité de raconter une histoire (sous quelque forme que ce soit) ont la capacité de changer les choses de façon spectaculaire. À cet égard, ils disposent d'un pouvoir inégalé dans l'histoire des êtres humains. Jamais encore les marketeurs n'avaient pu exercer autant d'influence en si peu de temps et avec si peu d'argent.

Il ne fait aucun doute que les consommateurs (ce qui inclut les électeurs, les nations et toutes les catégories d'individus et d'entités possibles) sont complices dans le processus de la narration d'histoire. Aucun marketeur ne peut forcer un individu à faire quoi que ce soit sans la participation active de ce dernier. Mais cette complicité n'exonère pas le marketeur de la responsabilité que lui confère le pouvoir extraordinaire de conter et de propager des histoires.

La question qu'il faut vous poser est la suivante : qu'allez-vous faire de ce pouvoir ?

Le marketing, vous connaissez ?

Le marketing, ça marche ?

Qu'est-ce que le marketing évoque pour vous ? Les détergents Wisk ? Les annonces du Super Bowl ? Un énième slogan accrocheur ? Une horde de vendeurs de voitures d'occasion ? Ou, pis encore, un déluge de spams insipides ?

Le véritable marketing ne se limite pas à cela.

Le marketing, c'est la diffusion des idées, et la diffusion des idées, c'est sans aucun doute le capital le plus important de notre civilisation. Des centaines de milliers de Soudanais sont morts parce que le marketing n'a pas fait entendre leur voix. Les religions s'étiolent et disparaissent parce qu'elles n'ont pas fait les bons choix de marketing. L'éducation des enfants, le succès des entreprises, la création et la perte d'emplois dépendent uniquement de ce que nous savons (et ne savons pas) de la diffusion des idées.

Est-ce que je banalise ces enjeux éminemment importants en affirmant que le marketing est au cœur du problème ? Je ne le pense pas. Je crois effectivement que les Vogues et le battage publicitaire banalisent le marketing, mais, selon la définition que j'en donne, le marketing va bien au-delà de ces choses. Les enjeux dont j'ai fait mention sont justement trop importants pour ne *pas* faire l'objet de cet art.

Il est devenu très facile pour les médias et le public d'attirer l'attention d'un pays tout entier sur un petit garçon coincé dans un puits ou sur une vente aux enchères farfelue sur eBay. Certaines idées se propagent à très grande échelle et suscitent d'énormes remous, alors que d'autres, plus valables et plus opportunes, semblent piétiner et disparaître. Si les marketeurs racontaient de meilleures histoires sur les problèmes urgents de notre temps (l'accès aux médicaments délivrés sur ordonnance ou l'envoi des Casques bleus là où leur présence est vraiment nécessaire, par exemple), tout le monde s'en porterait mieux.

Le marketing concerne tous ceux et toutes celles qui se préoccupent de l'avenir de leur entreprise ou de leur association, du dépérissement de leur église ou du sort de la planète. Que vous soyez ou non en mesure d'acheter un espace publicitaire, le marketing vous importe aussitôt que vous voulez diffuser des idées. Nous sommes tous des marketeurs en puissance.

Fait important : en 2003, les sociétés pharmaceutiques ont investi plus d'argent en marketing et en ventes qu'en recherche et en développement. Ce choix d'investissement montre assez clairement que, pour ces sociétés, la diffusion des idées sur les médicaments est plus importante que la mise au point des médicaments eux-mêmes.

Avant, pendant et après l'âge d'or

Avant l'âge d'or de la télévision, le marketing n'avait pas d'importance particulière. Les entreprises se contentaient de fabriquer les marchandises dont les gens avaient besoin. Leur succès reposait uniquement sur leur capacité à fabriquer un produit qui répondait à un besoin, de le vendre à un prix raisonnable et de le distribuer convenablement.

Les agriculteurs ne s'embarrassaient pas de commercialiser le maïs. Les maréchaux-ferrants ferraient les chevaux, les coiffeurs coupaient les cheveux, et les petits commerces conservaient longtemps leur clientèle s'ils offraient de bons services à des prix raisonnables. Les consommateurs achetaient les produits dont ils avaient besoin, et les entreprises qui savaient s'y prendre pour les vendre se tiraient très bien d'affaire.

Pendant l'âge d'or, les entreprises qui avaient accumulé assez d'argent purent faire passer des centaines d'annonces à la télévision et dans les journaux et raconter l'histoire qui leur plaisait à leur auditoire. Mais il leur fallait s'adresser à tous les consommateurs à la fois, car, même aux États-Unis, il n'y avait pas plus de trois chaînes de télé.

Les entreprises avaient 60 secondes pour raconter une histoire simple et, si elles le faisaient convenablement, elles pouvaient créer la demande. Autrement dit, elles ne comblaient plus seulement un besoin : elles suscitaient un *désir.*

La télévision était un véritable miracle. Elle permettait aux compagnies florissantes de devenir encore plus riches. Les consommateurs étaient plus que disposés à payer plus cher des boîtes de céréales à l'effigie de Tony le tigre ou de faire la queue pour voir le nouveau modèle 1954 de Chevrolet.

Pour faire prospérer l'entreprise, il suffisait de concevoir une annonce qui stimulerait la demande, puis de fabriquer un produit qui se vendrait. Les sociétés prirent rapidement une nouvelle orientation et s'adonnèrent avec frénésie à ce qu'elles croyaient être le marketing, c'est-à-dire à l'utilisation de messages publicitaires visant à accroître leurs ventes.

Les marketeurs se remplirent les poches. Des produits tout à fait ordinaires pouvaient désormais se vendre au prix fort grâce au halo publicitaire qui les entourait. De toutes nouvelles industries virent le jour, et de nouveaux types de magasins (les supermarchés) furent créés pour vendre des produits que tout le monde réclamait sous l'influence de la publicité.

C'était l'époque de gloire du marché de masse, l'époque où tous les consommateurs étaient égaux et où l'on pouvait vendre n'importe quoi à n'importe qui. Les meilleures marques racontaient déjà une histoire, mais une publicité toute juste convenable faisait souvent l'affaire.

Et puis ce bel édifice s'est écroulé.

Du jour au lendemain, les annonces télévisées ont cessé d'être l'outil passe-partout des marketeurs. Les consommateurs, ayant appris à s'en méfier, n'y ont plus prêté attention. Ils ont choisi d'autres moyens de s'abreuver d'histoires et ont relégué les publicités aux oubliettes. Celles-ci étaient dorénavant inefficaces. Mais le marketing n'en est devenu que plus vigoureux : il lui a fallu mettre au point de nouvelles techniques, plus percutantes et plus subtiles.

Si vous ne réussissez pas aussi bien que vous le souhaitez, c'est peut-être parce que vous vous comportez comme si nous en étions encore à l'âge d'or. Or, cette époque est bel et bien révolue. Au cours du siècle dernier, s'accrochant aux messages publicitaires pour raconter des histoires, les marketeurs ont oublié qu'il existait des moyens plus efficaces de diffuser les idées.

Après l'âge d'or, durant de ce qu'on peut considérer comme la période la plus noire du marketing, le marché a dû se réinventer. Ce livre parle du nouveau marketing. Il parle de l'importance de raconter des histoires, et non de concevoir des publicités.

Le marketing est l'histoire que les marketeurs content aux consommateurs et dont ils feront peut-être, s'ils sont assez habiles, le mensonge que ceux-ci se raconteront et répéteront à leurs amis. Ces histoires ne sont plus le seul apanage des annonces télévisées et de la publicité de masse. Elles sont partout.

Certains marketeurs sont tellement obsédés par les faits qu'ils ne racontent pas la moindre histoire. Doivent-ils s'étonner d'échouer lamentablement ? J'ai consacré toute une année à m'interroger sur les raisons pour lesquelles certaines idées se propagent et d'autres non. Pourquoi certaines entreprises commencent-elles en force pour ensuite péricliter, alors que d'autres progressent peu à peu et finissent par s'imposer définitivement ?

Les marketeurs ne peuvent plus raconter des histoires en se limitant aux messages publicitaires. Ils doivent vivre ces histoires.

Quelle importance a le marketing ? La réponse va de soi. Le marketing a tellement d'importance que nous avons l'obligation d'y exceller. Il est plus puissant que jamais, et il n'est pas exagéré de dire qu'il change le monde à tout instant. Cela étant dit, nous devons maintenant nous demander comment en faire l'outil qu'il devrait être.

Quand on sait comment ça marche, on voit les choses différemment

À Greenwich Village, il y a un bar très connu qui s'appelle Lucky Cheng's. L'atmosphère y est très animée et chaleureuse. Au premier coup d'œil, on ne voit pas très bien ce que cet endroit a de si différent des autres. Bien sûr, on remarque tout de suite que les serveuses sont plus aimables qu'ailleurs, qu'elles ont une tenue très élégante et qu'elles s'amusent à jouer discrètement les femmes fatales. Mais on sent qu'il y a autre chose…

Jusqu'au moment où on s'aperçoit que les serveuses sont en fait des hommes.

Et brusquement, tout se met à changer. Pas le bar, pas le service, pas les clients. Ce qui change, c'est la manière dont on perçoit le lieu. Et ce changement se produit parce qu'on a trouvé le « truc », parce qu'on a compris comment ça marche. Bref, parce qu'on a percé le secret.

Ce livre va justement vous révéler un secret à propos du marketing. Une fois que vous le connaîtrez, toutes les entreprises prospères vous apparaîtront sous un jour différent. Vous comprendrez (peut-être pour la première fois) qu'il y a une dissociation complète entre la réalité observable et les mensonges dont nous nous convainquons. Il n'y a presque aucun rapport entre ce que nous *voyons* et ce que nous *croyons*, qu'il s'agisse de lits d'hôpitaux, de soupes, d'ordinateurs, d'automobiles ou d'à peu près tout ce que nous achetons pour notre maison ou notre travail.

(Note : j'emploie dans ce livre les mots *compagnie* et *entreprise*, mais vous pouvez très bien leur substituer le mot *église, organisme sans but lucratif, profession, demandeur d'emploi* ou tout autre terme qui s'applique à votre cas. Cette histoire est aussi la vôtre.)

Comment marche le marketing (quand il marche)

La plupart des initiatives de marketing échouent. Je voudrais néanmoins vous montrer ce qui constitue une réussite en ce domaine. Voici les étapes qui guident la conduite d'un marketing fructueux. Le reste de ce livre est divisé en sections reprenant une à une chacune de ces idées.

- Étape 1 : la vision du monde et les références des consommateurs préexistent au marketing.

Le consommateur remarque et comprend les événements en fonction de sa vision du monde. Lorsqu'une histoire coïncide avec ce point de vue, il est plus enclin à la croire.

- Étape 2 : les consommateurs remarquent uniquement ce qui change et devinent le reste.

Les consommateurs ne remarquent que les éléments qui changent.

- Étape 3 : l'histoire naît de la première impression.

En se fondant sur sa première impression, le consommateur forme rapidement un jugement définitif sur l'expérience qu'il vit.

- Étape 4 : les bons marketeurs racontent des histoires que nous croyons.

Le marketeur raconte une histoire sur les éléments que le consommateur remarque. L'histoire change la manière dont celui-ci perçoit le produit ou le service et lui permet de forger son mensonge.

Les consommateurs prédisent ce qui va se passer ensuite.

Ils rationalisent tout ce qui ne concorde pas avec leur prédiction.

- Étape 5 : les marketeurs authentiques réussissent.

L'authenticité est le principal facteur qui détermine si l'histoire survivra à l'examen du consommateur et si elle se propagera.

Le marketing est parfois si puissant qu'il change effectivement la vision du monde de la personne qu'il rejoint, mais aucune initiative de marketing ne peut aboutir si elle ne trouve pas d'abord un public disposé à croire l'histoire qu'on lui raconte.

Vous ne décidez pas de tout (les consommateurs n'écoutent pas tout)

Les marketeurs souscrivent à plusieurs mythes, dont le plus tenace est celui-ci : « J'ai de l'argent, donc je décide de tout. Je dirige les conversations, je suis maître des ondes, j'accapare l'attention des consommateurs et je menotte les détaillants ».

Mais non, *vous ne décidez pas de tout.*

Vous n'exercez pas de contrôle particulier sur l'attention des gens, sur les conversations ni même sur les histoires que vous racontez. Tant que les marketeurs de toutes écoles n'auront pas compris cela, le marketing ne réalisera jamais son potentiel de changement.

Il y a trop de choses à dire et pas assez de temps pour le dire : « nouveau et amélioré », « biologique », « grande valeur nutritive », « fabrication syndicale », « sans calories », « faible teneur en glucides », « biodégradable », « recommandé par », etc. Il se peut que les marketeurs aient tellement entendu de statistiques assommantes et de publicités minables sur les nouveaux produits qu'ils en aient oublié à quel point elles sont inefficaces.

C'est pourquoi il vous faut faire un tri dans cette profusion de données. D'autre part, comme les produits et les services deviennent de plus en plus complexes, vous devez aussi effectuer un énorme travail d'information auprès des consommateurs, ce que vous n'avez malheureusement pas le temps de faire. Vous devez expliquer pourquoi votre nouveau produit vaut le prix élevé auquel vous le vendez, pourquoi sa formule est révolutionnaire et pourquoi il mérite que l'acheteur lui sacrifie son ancien produit.

Les concurrents de plus en plus nombreux vous empêchent de faire entendre votre voix et d'attirer l'attention des consommateurs. De surcroît, en raison de la diversification des moyens de communication, vous ne pouvez plus raconter votre histoire à un seul public homogène, à ce qu'on appelle les masses.

Résultat : les gens choisissent ce qu'ils veulent entendre. *Tout le monde ne peut pas tout écouter.*

Certains individus, ne retenant qu'une partie de votre message, échafauderont une hypothèse sur les fonctionnalités de votre produit. D'autres ne se soucieront pas de cette partie du message et s'arrêteront aux impressions que suscite le logo. Un troisième groupe ne tiendra aucun compte de tout cela et s'intéressera seulement au prix.

Même si vous connaissiez la phrase magique qui transformerait un client potentiel en client assuré, vous ne pourriez pas vous en servir parce que vous ne sauriez pas quel client écoute quel message. Rien n'est tranché, tout est mouvant.

Vous ne décidez pas de tout (vous ne dirigez pas les conversations)

La grande majorité des messages ne provient pas des marketeurs.

Il est faux de penser que vous décidez de tout. Faux de penser que John Kerry décide de ce que les gens écoutent et apprennent de ce qu'il dit, ou que Dell, Allstate, Mini ou Maytag peuvent dicter d'une quelconque manière le message que reçoit l'utilisateur final.

Dans le monde du marketing interentreprises (et également dans le domaine de la médecine), cette prétention est encore plus illusoire. Nous aimerions croire que les gens sont rationnels et informés. Mais ils ne le sont pas.

Le positionnement, d'Al Ries et de Jack Trout, est l'un des ouvrages de marketing les plus importants des temps modernes. C'est un excellent point de départ pour un nouveau marketing, mais c'est quand même seulement un point de départ. Le positionnement que pratiquent la plupart des marketeurs est unidimensionnel. On pourrait le schématiser ainsi : si les autres vendent des produits bon marché, il faut vendre des produits chers ; si les autres sont rapides, il faut être lent, etc.

Les auteurs de cet ouvrage vous invitent à positionner votre produit en supposant que le consommateur le percevra comme vous avez choisi de le positionner. C'est effectivement ainsi que les choses se passaient autrefois, quand les publicités transmettaient exactement l'histoire que vous espériez leur faire véhiculer.

Vous devez choisir un positionnement, bien sûr (sans quoi on le choisira pour vous !). Mais vous ne pouvez pas dicter le message que reçoit le consommateur, et vous ne pouvez pas non plus vous contenter d'un message unidimensionnel. Peu de ce qu'on apprend des produits, des services et des politiciens relève de la sphère des réseaux commerciaux officiels (ceux dont l'utilisation est payante). Cette réalité ne vous plaira peut-être pas, mais je vous invite quand même à y réfléchir.

Dans le monde de la narration d'histoires, le processus de positionnement est plus long, plus subtil et plus participatif que celui évoqué ci-dessus. Tridimensionnel, il se perpétue à l'infini.

Vous ne décidez pas de tout (rien n'est stable)

Tout message modifie le marché.

Comme en biologie évolutionniste, la donne change toujours. La théorie de la Reine rouge (expression inspirée d'un passage d'*Alice au pays des merveilles*) illustre ce paradoxe de l'évolution selon lequel, tout étant en mouvement perpétuel, ce qui fonctionnait hier a peu de chances de fonctionner aujourd'hui. La même chose se produit dans le monde merveilleux du marketing. Il suffit qu'un compétiteur fasse un changement pour que le paysage tout entier de la concurrence se transforme.

On dit que le marketing est irrationnel, incohérent et éphémère, et c'est vrai. C'est vrai parce que, contrairement à la plupart des fonctions de gestion, les actions de nos concurrents (ainsi que les nôtres) modifient le déroulement des plans établis. Le terrain est glissant, mais l'enjeu n'en est peut-être que plus intéressant.

La nouvelle courbe de puissance

Si vous demandez à vos collègues ce qui fait d'eux des gens particulièrement compétents et productifs, ils vous répondront à peu près tous la même chose. Ils insisteront sur des tâches ayant des résultats tangibles (travailler un métal, remplir des formulaires, créer des feuilles de calcul, etc.). Les gestionnaires vanteront en particulier leur aptitude à gérer quotidiennement des crises. Les CV le confirment : l'organisation des entreprises repose entièrement sur la capacité à être opérationnel. D'ailleurs, les chercheurs d'emploi intelligents savent mettre en valeur ce facteur dans leur liste de compétences.

Est-ce surprenant ? Voici, ci-dessous, l'ancienne courbe de puissance.

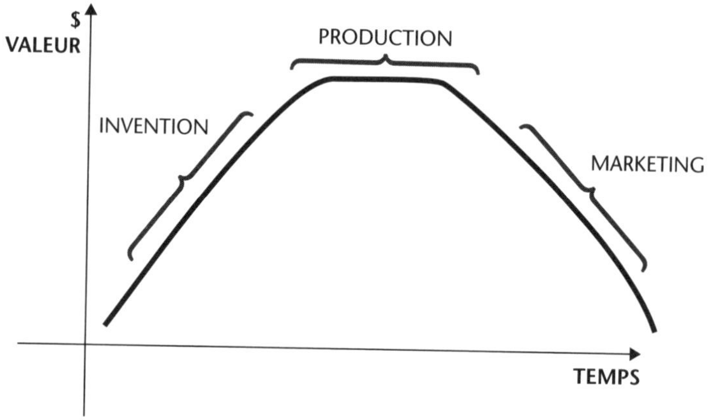

L'ancienne courbe de puissance

C'est au centre de la courbe que résidaient la valeur optimale et les profits. Auparavant, on pouvait se contenter de faire fonctionner efficacement une usine, de fabriquer des produits de qualité et de les livrer à temps. La publicité se chargeait du reste. Fabriquer de bons produits à bon prix : telle était la devise de l'heure.

Les héros anonymes de cette époque étaient les contremaîtres et les responsables du contrôle de la qualité. Les inventions étaient certes utiles, mais d'autres entreprises pouvaient les imiter. Les marques fortes représentaient également un atout indéniable. Néanmoins, même si elles résistaient à l'usure du temps, cela n'empêchait pas de nouvelles marques de s'implanter sur leurs marchés.

Voilà pourquoi les CV sont conçus comme ils le sont. On insiste sur ce qu'on a appris à l'université et pourquoi on l'a appris. L'ancienne courbe de puissance récompensait les gens *opérationnels.*

La nouvelle courbe de puissance se présente comme suit.

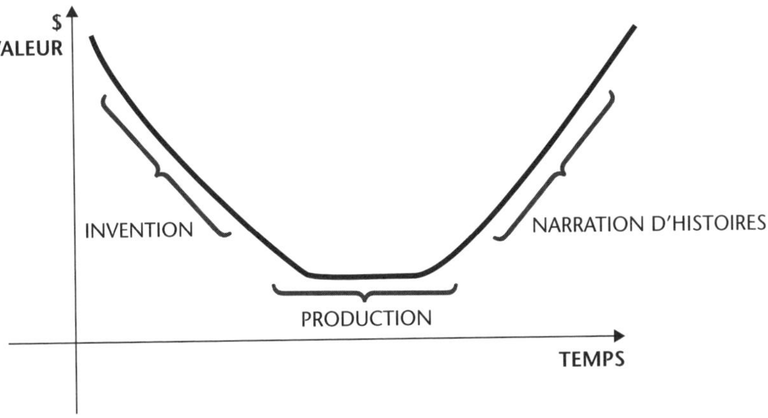

La nouvelle courbe de puissance

De nos jours, le cycle de vie des produits et des services est beaucoup plus court qu'avant, de sorte que la qualité de l'idée initiale (et de l'histoire qu'elle raconte) revêt une grande importance. Rares sont les entreprises qui peuvent prospérer et se démarquer en créant un nouveau type de marchandise et en le produisant à bas prix. Un produit remarquable n'est rentable que lorsque vous pouvez le commercialiser avant vos concurrents.

C'est ce que j'appelle, en l'honneur de mon amie Elizabeth, la courbe Talerman. Elizabeth réalise des profits en vendant une gamme de t-shirts originaux et de la vaisselle branchée. Dans les deux cas, c'est sur l'idée originale et la narration d'une histoire, et non sur la fabrication (qu'elle sous-traite), que repose sa petite entreprise.

Comme il est devenu très facile de sous-traiter la fabrication en tant que telle, le contremaître a brusquement cessé de devenir l'ultime ressource. La réussite ou l'échec de Southwest Airlines ne dépend pas des pilotes, car on peut facilement en recruter aujourd'hui. Il n'y a plus aucun problème à fabriquer des roulements à billes et des t-shirts, à mettre de l'eau en bouteille ou à fournir des hypothèques. La *fabrication* n'a plus rien de compliqué.

Ford fabrique des Jaguar, Anheuser-Busch élabore la Kirin, et une usine anonyme du Vietnam fabrique des chaussures de sport Nike. La fabrication est devenue facile, banale et indifférenciée.

En haut de la courbe se trouve le déclencheur. C'est à ce niveau que vous racontez des histoires authentiques et que vous vous montrez à la hauteur de vos promesses. La ligne droite de la courbe représente le processus par lequel vous transformez un produit dont le consommateur a (ou n'a pas) besoin, en un produit qu'il désire absolument. C'est là qu'est la source de profit.

Désormais, il n'y a que deux facteurs qui décident du succès ou de l'échec d'une entreprise :

- Inventer un produit dont il vaut la peine de parler.
- Raconter une histoire sur le produit inventé.

Créer des histoires brillantes : voilà la nouvelle devise.

Cela est *urgent* La transformation des entreprises a cours depuis un certain temps déjà, mais grâce à la sous-traitance, aux ordinateurs et à l'amélioration constante de la qualité de fabrication, il est plus facile que jamais de faire fabriquer, livrer et entreposer des produits. Il n'a jamais été aussi simple de garantir leur qualité et leur durabilité. Le plus difficile, et ce n'est pas une mince affaire, c'est de déterminer quel produit vaut la peine d'être fabriqué et de raconter ensuite une histoire à son sujet.

Attention, je ne dis pas que la fabrication n'a pas d'importance. Au contraire. Elle joue un rôle essentiel dans l'histoire que vous allez raconter. Je dis seulement qu'elle n'a rien de complexe et qu'il ne suffit pas d'y exceller pour s'imposer.

Si la plupart des gens qui vendent des produits et des services aux entreprises se démènent tellement pour réaliser des profits, c'est qu'ils se perçoivent comme des pourvoyeurs de marchandises. Et s'ils sont dans l'impasse, c'est parce qu'ils œuvrent au centre de la courbe (c'est-à-dire qu'ils s'efforcent de fabriquer un meilleur produit à un meilleur prix). Pour les entreprises qui réussissent, il est plus important et plus rentable d'offrir un produit remarquable encadré par une histoire fantastique que de faire un peu mieux ce que d'autres font déjà très bien.

Sur le plan personnel, votre CV doit insister sur votre capacité d'inventer des choses remarquables et de raconter des histoires qui portent, et non sur vos compétences techniques. Les entreprises qui survivront seront celles qui cesseront de perdre leur temps à gérer les crises quotidiennes à propos des livraisons et des urgences. Le nouveau marketing formera la ligne de démarcation entre gagnants et perdants.

Voilà le défi. Les gagnants seront ceux qui le relèveront.

Étape 1 : la vision du monde et les références des consommateurs préexistent au marketing

Nous voulons tous la même chose

Nous voulons tous vivre en sécurité, être en bonne santé, connaître du succès et être aimés, respectés, heureux et en forme. Nous souhaitons tous avoir assez d'argent pour acheter ce que nous voulons. Nous désirons tous avoir des amis, nous amuser et vivre dans un monde sans pollution.

Mais si nous voulons tous la même chose, pourquoi suivons-nous des chemins si divergents pour y arriver ? Pourquoi tout le monde ne possède-t-il pas une Honda ? Pourquoi est-ce que tous les administrateurs n'utilisent pas les mêmes méthodes de gestion ? Pourquoi est-ce que tout le monde ne pratique pas la même religion et ne porte pas les mêmes vêtements ? Pourquoi les futures mariées n'achètent-elles pas toutes une robe de mariée à 799 $? Pourquoi certaines femmes choisissent-elles de payer la leur dix ou vingt fois plus cher alors que d'autres se contentent d'emprunter la robe d'une amie sans débourser quelque montant que ce soit ?

La grande faille de la théorie du marketing est son incapacité à rendre compte de la diversité. Aucun marketeur ne peut nous dire à l'avance si un message publicitaire donnera de bons résultats ou si un nouveau produit aura du succès. Toute initiative donne l'impression d'être une aventure plus ou moins hasardeuse.

La diversité s'explique par les visions du monde variées des consommateurs. En réalité, nous ne voulons pas tous la même chose ! Chacun a un ensemble de préjugés, de valeurs et de croyances qui forgent sa vision du monde, et celle-ci est également marquée par l'influence de la famille, des écoles qu'on a fréquentées, des lieux où l'on a vécu et des expériences qu'on a eues. La vision du monde est le prisme qu'on utilise pour déterminer si l'on va croire ou non une histoire. Or, comme le souligne le grand Red Maxwell, « les prismes déforment les objets ». Le prisme propre à vos clients leur révèle une facette de la réalité différente de celle que vous percevez ou de celle que perçoivent d'autres consommateurs, dont vos collègues.

Deux définitions et une stratégie

Par *vision du monde*, je désigne l'ensemble des règles, des valeurs, des croyances et des préjugés qui constituent la grille à travers laquelle un consommateur individuel perçoit une situation.

Si Jason a fait une très mauvaise affaire en achetant sa dernière voiture d'occasion chez un concessionnaire, la vision du monde qu'il aura quatre ans plus tard lorsqu'il se rendra chez un deuxième concessionnaire pour acheter une nouvelle voiture sera différente de celle du client qui achète sa troisième voiture en quatre ans chez le même concessionnaire.

Si Rebecca croit que son poste d'acheteuse dans une grande entreprise lui impose d'éviter les risques, elle n'aura pas du tout la même perception du nouveau vendeur qui débarque à son bureau que si elle pensait que cette fonction lui demandait d'innover, d'explorer et de courir des risques.

À chacun sa vision du monde. Deux personnes peuvent disposer des mêmes données et prendre des décisions tout à fait différentes.

Les cadres *(frames)* sont les systèmes de référence, les représentations et les connotations d'une histoire qui activent la vision du monde qu'a déjà le consommateur. Ce concept, que George Lakoff a popularisé sous le nom de *framing* dans ses écrits sur le discours politique, peut être appliqué à tout ce qui se « vend » d'une manière ou d'une autre à quelqu'un.

Krispy Kreme a cadré son discours avec la formule *Hot Donuts* (beignets chauds). Il y a dans le mot *chaud* une notion de fraîcheur, de sensualité et de décadence. En associant ce terme aux sensations que les beignets suscitent chez certaines personnes, Krispy Kreme exploitait une vision du monde préexistante chez le consommateur (beignets = sensuels = chauds = amour). L'équivalence ne fonctionne pas pour tout le monde, mais la compagnie s'en est très bien tirée jusqu'au jour où la vision du monde des consommateurs a changé (beignets = glucides = obésité). Aujourd'hui, Krispy Kreme enregistre des pertes, ferme ses usines et fait l'objet d'enquêtes de la part du gouvernement parce qu'une vision du monde a changé.

En d'autres termes, le cadre colle à l'histoire sur une vision du monde déjà ancrée chez le consommateur.

Quand un magasin de meubles en faillite placarde des affiches à tous les coins de rue pour annoncer une liquidation, ce ne sont pas les meubles qui sont le véritable sujet de l'histoire. Le magasin cadre l'histoire de manière à donner à certaines personnes l'excuse dont elles ont besoin pour convaincre leur conjoint de se décider à acheter de nouveaux meubles. Cette narration attire certaines personnes, mais ne touche pas du tout, par exemple, celles qui sont prêtes à faire des centaines de kilomètres pour se rendre à une vente aux enchères ou qui courent les boutiques pour trouver l'objet parfait. À chaque vision du monde ses cadres.

Ne pas essayer de modifier la vision du monde des gens : telle est la stratégie que doit suivre tout bon marketeur. Ne tentez pas de prouver que vous avez raison en énonçant des faits : renoncez à modifier les préférences des consommateurs. Vous n'avez ni assez de temps ni assez d'argent pour le faire. Tâchez plutôt de cibler une population qui a une même vision du monde et d'intégrer à votre histoire les références qui coïncident avec cette vision. C'est la voie du succès.

Tous les écureuils aiment les noix

Si vous voulez attirer des écureuils, offrez-leur des noix. Vous ne pouvez pas vous tromper.

Ces rongeurs ont besoin de noix comme les êtres humains ont besoin d'eau et de nourriture. Mais quand on en vient aux produits plus recherchés, ceux que les gens désirent posséder plutôt que ceux dont ils ont besoin, les choses se compliquent. Même les populations extrêmement pauvres des pays en développement donnent souvent la priorité à des achats qui comblent leurs désirs au détriment de ceux qui pourraient répondre à leurs besoins.

Il est tentant de succomber à l'illusion que votre public est homogène, que vous vous adressez à un groupe de personnes plus ou moins identiques. Mais le monde des désirs n'est pas monolithique.

Tous ne veulent pas d'une machine à laver un peu plus fonctionnelle ou d'un voyage en avion un peu plus rapide. Tous n'aiment pas le chocolat noir, tous ne rêvent pas d'une maison en banlieue.

Vu les choix de plus en plus nombreux offerts aux consommateurs, vu la diversité croissante des études et des carrières, vu la multiplicité des désirs, il est dangereux de présumer que ces consommateurs sont tous pareils. Il est même dangereux de supposer qu'ils sont tous rationnels.

On dit que les faits parlent d'eux-mêmes

Pas du tout. Ce sont les gens qui les font parler.

Durant les élections présidentielles de 2004, 290 millions d'Américains ont eu accès aux mêmes données. Ils ont tous vu les mêmes images et écouté les mêmes discours des deux candidats. Et pourtant, la moitié d'entre eux a jugé qu'un candidat valait mieux que l'autre, et l'autre moitié a jugé le contraire. Faut-il en conclure que 145 millions de personnes ont eu tort ? Non, bien sûr. Ce qu'il faut en déduire, c'est qu'il y a des dizaines, sinon des centaines de visions du monde parmi les électeurs. Et ces visions étaient ancrées en eux bien avant que la campagne présidentielle ne commence.

Le vote renseigne sur l'électeur, non sur le candidat.

La divergence des visions du monde explique pourquoi deux personnes intelligentes peuvent disposer des mêmes données et en tirer des conclusions complètement différentes. On ne peut pas dire que l'une a eu accès à des informations que l'autre n'a pas obtenues ou qu'elle avait plus de discernement que l'autre. Chacune d'elles avait tout simplement une vision du monde qui lui était propre avant même que la question ne soit posée.

Le marketing réussit quand des personnes ayant développé une vision du monde analogue se regroupent en nombre suffisant pour permettre aux marketeurs de les rejoindre de manière rentable.

Mais peut-on quand même *changer* une telle vision ? Peut-on opérer des changements globaux dans le marché ? Il arrive qu'un marketeur soit assez chanceux et brillant pour changer la vision du monde d'une importante partie du public. Steve Jobs y est parvenu avec Macintosh, puis iPod. Shawn Fanning, le fondateur de Napster, a convaincu toute une génération que la musique devait être gratuite. Il est toutefois intéressant de constater que, même si l'exploit peut sembler brillant, le fait de changer une vision du monde n'est pas toujours rentable.

Les marketeurs n'hésitent pas à diffuser des publicités différentes pour les hommes et les femmes, les riches et les pauvres, les voyageurs et les sédentaires. Mais ils ne vont pas assez loin. Il n'y a pas un seul marché. Il y en a des milliers, dont chacun est occupé par des consommateurs qui partagent la même vision du monde. Dans les initiatives les plus réussies et les plus percutantes, le marketeur se sert de cadres pour activer une vision du monde et non pour la changer. L'occasion qui se présente à vous, c'est de dénicher une vision du monde encore négligée, de cadrer votre histoire de manière à attirer l'auditoire qui partage cette vision et d'agir ensuite en conséquence.

En quelle couleur voyez-vous la vie ?

Nous ne sommes pas tous identiques.

Le marché de masse est mort. Il n'y a plus que des groupes d'individus. Nous avons beau avoir été créés égaux, nous avons des visions du monde différentes. Nous commençons à nous raconter une histoire avant d'être exposés à un quelconque message de marketing.

Un républicain et un démocrate auront une perception très différente d'un candidat à la présidence démocrate. Les investisseurs en capital-risque de la Silicon Valley n'auront pas du tout les mêmes attentes à l'égard d'eBay qu'une société d'investissement d'innovation du Connecticut.

Plus les choix qu'offrent les marchés se multiplient, plus les consommateurs se donnent le droit de privilégier leur vision du monde. Se lancer sur le marché sans comprendre les diverses visions du monde de votre auditoire, c'est un peu comme essayer d'ouvrir un cadenas sans prendre la peine de vérifier s'il vous faut une clé ou une combinaison.

Une vision du monde ne représente pas ce que nous sommes, mais ce que nous croyons. C'est la grille de nos préférences et de nos préjugés.
Une vision du monde n'est pas éternelle. Elle correspond à ce que le consommateur croit à un moment donné de son existence.

Le marketing réussit quand il rejoint un groupe de personnes qui, de par leur vision du monde commune, sont prédisposées à croire l'histoire qu'on leur raconte. Il doit ses grands succès (Starbucks, Fast Company, la Porsche Cayenne) à la révélation d'une vision du monde.

Ce que nous sommes influence ce que nous voyons

L'histoire qu'un consommateur se raconte sur un nouveau produit ou un nouveau service est influencée avant tout par la vision du monde qu'il a avant d'en prendre connaissance. Celle-ci influe sur trois facteurs :

- *L'attention* : la vision du monde détermine si le consommateur prêtera ou non attention au produit. S'il juge ne pas avoir besoin d'une nouvelle marque d'aspirine ou d'un ordinateur plus rapide, il sera beaucoup moins porté à remarquer ces produits quand ils seront lancés sur le marché.
- *Les « a priori »* : tout le monde a ses répugnances et ses attirances. Quand un nouveau produit ou un nouveau service fait son apparition, nos prédispositions colorent instantanément l'information qu'on reçoit.
- *Le style* : les consommateurs s'intéressent autant à la *manière* dont on dit quelque chose qu'à *ce qu'on dit.* Ils sont sensibles au choix du média, au ton d'une voix, aux mots qu'on emploie et même à l'odeur des produits. Quand une histoire n'est pas racontée de la manière à laquelle ils s'attendent, le marketeur peut s'attendre à des réactions bizarres de leur part.

Ce que sous-estime le plus le marketeur, c'est la manière dont une vision du monde recoupe ou amplifie l'histoire qu'il raconte. Jusqu'à présent, le marketeur ne le comprenait que de manière intuitive. Désormais, il doit le saisir clairement et du premier coup.

Un aperçu d'une vision du monde

Êtes-vous d'accord avec les énoncés suivants ?

- Les nouvelles technologies peuvent améliorer ma vie.
- Si j'étais plus beau, j'aurais plus de succès.
- Si ce médicament est prescrit par un médecin, c'est qu'il ne présente sûrement aucun risque.
- Je peux m'offrir ce qu'il y a de mieux.
- Tous les concessionnaires automobiles sont des menteurs.
- J'ai besoin de nouveaux vêtements.
- J'aime l'opéra.
- Les publireportages nous aident à faire de bons achats.
- Mon but est de ne pas prendre les choses au sérieux dans la vie.
- J'adore les Yankees de New York.
- Une physiothérapie me guérira plus rapidement qu'une chirurgie.
- Le plus important pour moi est de protéger ma famille.
- Amusons-nous !
- Ne me racontez pas d'histoires creuses sur la consommation, le consumérisme et le reste. Parlez-moi des valeurs profondes, de la qualité, de la vie.

Quel que soit leur rapport avec la « réalité » (lequel peut être évalué au moyen d'études, de recherches approfondies ou d'un examen rigoureux et objectif des faits), ces affirmations peuvent facilement être acceptées ou rejetées selon les individus. Faites-en la liste (et ajoutez-y des milliers d'autres) et vous aurez défini les *a priori* d'un quelconque consommateur.

Tout cela est assez clair, non ? Il semble évident que chaque individu est unique et que ses caractéristiques déterminent ce qui attire son attention et ce qui ne l'attire pas. Et pourtant, à quelques exceptions près, les marketeurs (chercheurs d'emploi, organismes sans but lucratif, candidats politiques, producteurs de bœuf, etc.) traitent chaque consommateur comme un client potentiel. Et pas seulement comme un client potentiel, mais comme un client potentiel identique à tous les autres.

Les consommateurs ne forment pas un bloc uniforme, mais, bien entendu, ils ne sont pas pour autant tous différents les uns des autres. Les consommateurs se rallient en sous-ensembles autour de visions du monde communes. Votre travail consiste à repérer les sous-ensembles méconnus et à formuler une histoire qui collera à leur vision du monde.

Des milliers de visions du monde

Il y a les mères qui croient que le bonheur viendra du prochain produit éducatif qu'elles offriront à leur bébé. Il y a les haltérophiles qui caressent l'espoir que le prochain supplément alimentaire leur donnera le corps parfait. Il y a les écologistes qui prédisent que la prochaine innovation scientifique sera l'ultime folie de l'espèce humaine et les xénophobes qui jurent que les « hélicoptères noirs » des Nations unies sont sur le point de débarquer aux États-Unis.

Tous ces groupes veulent entendre des histoires qui valident leur vision du monde. Tous ces groupes (et ils ne s'excluent pas les uns les autres, puisque les adeptes de produits éducatifs peuvent également verser dans les thèses conspirationnistes) se croient au cœur et non aux marges de la société, et souhaitent passionnément que l'on s'occupe d'eux.

L'année dernière, Baby Einstein (une division de Disney) a récolté plus de 150 millions de dollars en vendant des vidéos pour nouveau-nés et nourrissons. Bien entendu, ces produits pratiquement inutiles étaient destinés beaucoup moins aux nourrissons qu'aux mères voulant entendre un discours conforme à leur vision du monde. Celles-ci ont « acheté » l'histoire et ont fait circuler le mensonge auquel elles croyaient parmi toutes les personnes qui voulaient bien s'intéresser à la valeur pédagogique des vidéos pour nourrissons. Les gens qui achètent les vidéos Baby Einstein participent à la narration de l'histoire mise en place par Disney.

Peu à peu, le produit déborde les limites du groupe partageant la même obsession et devient une partie de notre culture. Alors qu'elles ne comptaient pas parmi les adeptes de la première heure, certaines personnes commencent aujourd'hui à acheter des vidéos pour leurs bébés. Elles le font parce que tous leurs voisins en parlent et qu'il faut bien faire comme eux. Ces produits ne sont désormais plus inutiles, même si, évidemment, ils ne présentent toujours aucun intérêt pour les bébés. Ils sont devenus utiles parce qu'ils satisfont un désir réel chez les parents.

N'est-ce pas tout simplement ce qu'on appelle des marchés à créneaux ? Après tout, les accrocs de sauces piquantes, les adeptes de courses NASCAR et les gastronomes forment aussi des marchés qui, aussi petits qu'ils soient, sont solidement établis. C'est vrai, mais le marketing axé sur les visions du monde vous donne un atout beaucoup plus important : la capacité de repérer de grands marchés négligés en ciblant les consommateurs dont les visions du monde sont complémentaires.

Bien souvent, une vision du monde ne concerne pas un marché complet, mais une fraction de marché. Afin de cadrer et de raconter une histoire avec succès, il est donc essentiel d'aborder chaque sous-ensemble du marché en fonction de la vision du monde qui le caractérise.

Quand les thés et les tisanes de qualité ont fait leur apparition aux États-Unis, il ne semblait y avoir aucun marché pour ce genre de produit. Les personnes interrogées dans les groupes de discussion n'en voulaient pas, et la demande en provenance des magasins de produits fins n'avait rien pour susciter l'enthousiasme. La plupart des spécialistes des études de marché affirmaient que les Américains n'étaient pas prêts à débourser plus que le prix d'un sachet de Tetley pour boire une tasse de thé.

Parce qu'ils voulaient traiter tous les buveurs de thé de la même manière (ce que faisaient Tetley et Lipton), les marketeurs partaient perdants. Celestial Seasonings avait bien montré que les hippies achetaient des tisanes, mais il s'agissait là d'un simple créneau, pensait-on.

Il a fallu des marques comme The Republic of Tea et Tazo pour infliger un démenti cinglant aux thèses des spécialistes. Ce que ces entreprises ont compris (avec grand profit), c'est qu'un nombre important de personnes partageait une même vision du monde que l'on pourrait résumer ainsi : « Je n'ai pas vraiment envie de prendre du café. Par contre, je boirais bien une boisson chaude un peu spéciale, quitte à la payer un peu plus cher que d'habitude. Peut-être une tisane ou un thé qui me donnerait l'impression d'être un connaisseur ? Pourquoi ne pas m'offrir ce luxe ? Je ne suis pas comme les autres et je le vaux bien ».

C'est exactement la vision du monde que cadraient ces marques. Elles racontaient une histoire compliquée sur les origines, les propriétés, les arômes et les magies de l'infusion, et toute une communauté de consommateurs, jusqu'alors invisible, s'est manifestée pour l'écouter. Cadrant la légende du thé de la même façon que les histoires détaillées que tant de gens croient à propos du vin, les marketeurs ont convaincu une partie considérable des buveurs de thé *et* de café de la cultiver.

Toutes les visions du monde négligées ne constituent pas forcément des marchés latents. Certaines sont trop restreintes, trop timides ou trop marginales. Mais il existe un nombre incalculable de groupes qu'on a jusqu'à présent ignoré tout simplement parce qu'on a toujours eu l'habitude de le faire.

Si certains de ces groupes sont modestes, ils peuvent néanmoins s'emparer de votre histoire et en faire une épopée. Ils peuvent transformer un petit marché en un culte, un mouvement, une tendance et finalement un marché de masse.

Le pouvoir des cadres

Bien qu'il soit essentiel de cibler la bonne vision du monde, la véritable magie du marketing n'opère que lorsqu'on superpose un cadre à cette perspective particulière. Le cadre permet de présenter une idée de manière à embrasser la vision du monde du consommateur et non de la combattre.

Le recours aux cadres ne constitue pas seulement une tactique. C'est un élément central du marketing moderne. Si vous êtes incapable de coller votre idée à une vision du monde, il vous sera impossible de la faire connaître. L'expression *partage de fichiers* n'a pas la même résonance que le mot *vol*. Une photo des eaux polluées et des oiseaux décimés de Houston reflète autant la réalité qu'un cliché montrant un gratte-ciel ou un centre commercial élégant de la même ville, mais les deux images racontent chacune une histoire différente à des gens différents. « Sécuriser le port d'armes » n'est pas la même chose que « interdire les armes à feu », mais chacun de ces deux slogans sert un programme politique.

Les cadres sont les mots, les liens et les images qui confortent les *a priori* du consommateur. Les médias se servent constamment de cadres pour nous présenter l'actualité. Quand un journaliste parle de « nostalgiques de la monarchie » ou d'« amateurs de thèses conspirationnistes », il nous incite à croire que ces groupes sont marginaux. Les politiciens sont passés maîtres dans l'art du cadrage. Pour désigner les mêmes individus, certains parleront d'« intégristes fanatiques » et d'autres de « fervents croyants ». Par le choix de l'une ou de l'autre de ces expressions, ils privilégient la vision du monde de l'auditoire auquel ils s'adressent.

Les histoires courent

Il est primordial d'aborder avec respect la vision du monde d'un individu si l'on veut attirer son attention. Si la formulation de votre message entre en conflit avec sa vision du monde, vous deviendrez invisible à ses yeux.

Le cadrage est la première étape à suivre pour raconter une histoire convaincante. Notez qu'il ne consiste *pas* à dire aux gens uniquement ce qu'ils veulent entendre ou à se complaire dans leur point de vue, ou encore à répéter ce que les gens savent déjà. Loin de là. À mon avis, même si les meilleures histoires du marketing sont racontées (et vendues) à l'aide de cadres reposant sur les *a priori* d'un seul public, cela ne les empêche pas de toucher à long terme d'autres personnes ouvertes à des idées nouvelles et disposées à les adopter.

« Aucun des candidats n'est sur la liste »

Jimmy Carter a été l'exception qui confirme la règle.

À bien des égards, Carter a mené sa campagne à la présidence de la même manière que Howard Dean. Il a commencé par cibler les électeurs désabusés par le système, ceux qui refusaient le *statu quo* et ne voulaient élire « aucun des candidats sur la liste ».

Ces électeurs réagissent à un candidat très différemment que des républicains ou des démocrates de longue date. Ils ont des perceptions différentes et ne se racontent pas le même mensonge.

Dans les pays européens, les groupes de citoyens désabusés parviennent généralement à se faire représenter par quelques membres de partis marginaux. Ces élus n'ont guère d'influence sur les décisions politiques, mais ont malgré tout l'avantage d'alimenter les débats. Aux États-Unis, en revanche, les électeurs mécontents, parce qu'ils sont peu actifs, n'ont presque jamais la chance de faire élire le candidat de leur choix.

Howard Dean a vu dans cette tranche de l'électorat un filon. Il lui a raconté une histoire (« je suis contre la guerre en Irak ») qui l'a aussitôt différencié de la grande majorité de ses adversaires. Le mensonge dont s'est rapidement persuadé le public cible de Dean était simple : « Cet homme est un rebelle intelligent qui nous ressemble ». De plus, il omettait allègrement un certain nombre de faits allant des réalités géographiques (Dean venait du Vermont rural et non d'une métropole d'affaires) aux réalités économiques (Dean prônait en réalité une politique financière plutôt conservatrice).

L'idée a fait son chemin, et tous les groupes dissidents se sont ralliés sans mal à cette histoire. Les partisans réfractaires à tous les partis politiques officiels ont été électrisés et unis par la candidature de Dean. Des groupes de discussion se sont mis à proliférer, et des blogs adorateurs ont envahi Internet. Les campagnes de financement et les envois massifs de lettres se sont multipliés.

Le pari de Dean et de son équipe était risqué, mais simple. Même s'il leur fallait constamment s'affairer à mobiliser le groupe qui les avait appuyés en premier, ils savaient qu'ils devaient aussi faire le saut de l'électorat désabusé vers la population en général. Il vous faudra faire un pareil saut lorsque vous voudrez passer du groupe restreint mais passionné auquel s'adresse initialement un produit à une population plus vaste qui n'a ni les mêmes intérêts ni les mêmes préjugés que la première cible.

C'est précisément le « gouffre » dont parle Geoffrey Moore dans *Crossing the Chasm* : l'écart qui sépare les *early adopters* du grand public. Ce que Moore ne saisit pas, toutefois, c'est qu'il ne s'agit pas d'une courbe linéaire mais d'un lacis multidimensionnel qui recoupe une multiplicité de segments de la population, de visions du monde et de marchés.

Que l'on « vende » des chaussures, des ordinateurs ou un candidat à la présidence, rien n'est plus difficile que de passer d'une tranche de la population à l'autre. Dean n'y est pas parvenu. Il a échoué de façon spectaculaire et rapide. Les raisons de son échec sont les mêmes que celles qui expliquent son succès : il attirait un segment de la population qui voulait contester un état de fait et non faire élire un candidat. L'histoire qui a rayé Dean de la liste des candidats ? Elle tient en un mot : l'inéligibilité. Les partisans du refus ont été incapables de convaincre leurs amis démocrates que Dean pouvait remporter les élections générales. L'histoire a fini par stagner et s'est finalement enlisée.

Carter a réussi là où Dean a échoué, mais son exploit est exceptionnel. Les insurgés de tous les marchés font face aux mêmes défis quand ils veulent pénétrer le marché de masse. Vous aurez plus de chances de réussir en évitant les concours où une seule personne rafle tous les prix.

Il est difficile de résister à la tentation de raconter votre histoire à un public qui la réclame corps et âme. Le problème, c'est que ce public peut très bien accueillir votre histoire, mais ne pas vous rapporter de profits (ou d'électeurs). Il ne suffit pas de trouver un créneau qui corresponde à une vision du monde. Il faut aussi que votre auditoire veuille et puisse influencer massivement son entourage.

Les anges et les démons

Best Buy est l'une de mes entreprises préférées. J'aime sa passion pour les détails mais aussi l'amabilité de ses employés et son style très personnel. Sa récente décision de bannir les « démons » de sa clientèle vous fera comprendre pourquoi vous devez choisir avec le plus grand soin l'auditoire auquel vous racontez votre histoire.

Comme tous les grands détaillants, Best Buy veut attirer le plus grand nombre de clients possible. Dotée d'un réseau de magasins très bien situés, la compagnie dépense des millions de dollars en publicité et en promotion, et offre une vaste gamme de produits à prix variés.

Tout récemment, le PDG de Best Buy, Brad Anderson, a constaté qu'environ 20 % de la clientèle de la compagnie, soit quelque 100 millions d'individus, coûtaient de l'argent à celle-ci plutôt que de lui en rapporter. Si Best Buy pouvait se préoccuper uniquement des 80 % de sa clientèle restante, a-t-il estimé, elle pourrait améliorer l'expérience d'achat des consommateurs et accroître sa rentabilité.

Le hic, c'est que Best Buy raconte une histoire à deux auditoires distincts ayant des visions du monde presque diamétralement opposées.

Le premier auditoire (les anges) est motivé par le plaisir d'acheter des articles électroniques. Cette partie de la clientèle considère que l'achat du tout dernier projecteur ACL ou d'un téléviseur grand écran dernier cri est un luxe qu'il vaut la peine de s'offrir. Elle privilégie Best Buy en raison de l'excellence de son service et de l'ambiance agréable de ses magasins. Elle se compose de gens n'attachant pas aux prix une importance telle qu'ils se précipitent chez WalMart chaque fois qu'ils ont l'occasion d'économiser 30 $.

Le second auditoire (les démons) considère que la priorité absolue est de débourser le moins d'argent possible. Certains de ces clients ont même la bassesse d'acheter un article, de le déballer et de le rapporter le lendemain pour profiter de la généreuse politique de retour des marchandises de Best Buy. L'article ayant atterri sur la table des produits offerts à moitié prix, les démons reviennent dès le lendemain racheter pour 50 % de moins le produit qu'ils ont rapporté la veille.

Comme vous pouvez le constater, ces deux auditoires tiennent un discours très différent sur Best Buy. Les anges parcourent les prospectus et rêvent de l'article qu'ils pourront s'offrir. Les démons visitent des sites web comme slickdeals.net et techbargains.com, où des usagers plus ou moins honnêtes s'échangent des tuyaux sur les meilleurs moyens d'arnaquer des commerces.

Si vous percevez tous les clients potentiels de la même manière, vous pourriez aussi bien faire paraître vos annonces sur techbargains.com que dans le *Dallas Morning News.* Mais ce n'est pas parce que certaines personnes échafaudent un mensonge à partir des principes que vous défendez (et s'en convainquent) que vous devez les encourager.

Best Buy a finalement décidé de se débarrasser de certains clients et de privilégier ceux qui avaient une vision du monde plus rentable (et plus positive) pour la compagnie. Aussi contre-intuitive qu'elle puisse paraître, cette décision était tout à fait judicieuse.

La métamorphose d'un fabricant de céréales

Le marché des céréales a longtemps été florissant. Pendant plus de vingt ans, les prix ont grimpé, la distribution s'est accélérée, les profits ont augmenté et la demande n'a pas fléchi.

Et puis Atkins est arrivé. Du jour au lendemain, la vision du monde d'une importante partie de la clientèle a basculé. Les mères n'étaient plus du tout enthousiastes à l'idée de servir à leurs enfants des petits déjeuners bourrés de sucres raffinés et de farine blanchie. Interstate Bakeries, qui avait connu son heure de gloire avec des produits comme Twinkies et Wonder Bread, fit faillite. Les mensonges que les consommateurs s'étaient si longtemps racontés sur les céréales et la santé étaient brusquement remis en question.

Chez General Mills, Jay Gouliard (l'homme du GoGurt) et son équipe sentirent le vent tourner et décidèrent de passer à l'action. Moins de cent jours après avoir décidé de réviser son histoire, General Mills avait converti toutes ses marques de céréales en produits à base de grains entiers. La nouvelle formule « aliment complet » de Lucky Charms fut une prompte réaction à une vision du monde entièrement nouvelle : la prise de conscience que les aliments à base de grains entiers étaient bien meilleurs pour la santé des enfants et de leurs parents. General Mills n'a pas inventé Atkins, mais elle s'est empressée de raconter une nouvelle histoire à la masse des consommateurs qui s'était ralliée au point de vue d'Atkins... tant qu'il était encore temps.

Le succès de la contre-offensive de General Mills est dû à quatre facteurs. En premier lieu, la compagnie a réagi très rapidement, si rapidement, en fait, qu'elle a mobilisé toute l'attention du marché. En deuxième lieu, elle a lancé de nouveaux produits qui avaient le même goût que les anciens. En troisième lieu, elle a remanié l'histoire qui avait si longtemps convaincu sa clientèle (avec ses allusions aux « délices magiques ») de manière à lui donner une portée nouvelle. Enfin, et surtout, le nouveau cadrage qu'elle a donné à ses anciennes marques a rejoint un public immense qui ne jurait que par les aliments faibles en glucides.

Jay et son équipe ont su comment se servir de cadres pour raconter une histoire différente sur une marque longtemps adulée. Ils ont raconté une histoire, les consommateurs l'ont crue, et la rumeur a fait le reste.

L'attention, les *a priori* et le style

L'attention

C'est l'élément implicite le plus précieux. Les consommateurs sont indifférents à tout ce qui n'attire pas leur attention. Ils ont peu de temps à leur disposition et veulent en faire bon usage. Ils doivent décider des activités qui *valent* ou non le temps qu'ils leur consacrent – et le verbe *valoir* revêt ici tout son sens. Certaifnes personnes choisissent de consacrer leur temps à l'étude du marché boursier et se passionnent pour les moindres fluctuations des actions. D'autres préfèrent se plonger dans la lecture de *Vanity Fair* et se spécialiser en fines dentelles. D'autres encore ignorent complètement tout ce qu'ils ne sollicitent pas explicitement et ne s'emploient qu'à cultiver les relations personnelles qui leur importent.

Les marketeurs ne peuvent plus obtenir de force l'attention des gens. Rien ne garantit que les annonces télévisées ou les appels à domicile décideront les consommateurs à écouter ce que vous avez à dire. Voilà pourquoi le marketing par permission est si efficace : il touche des personnes ayant consenti à recevoir vos messages. Qui plus est, en raison de leur vision du monde, ces gens considèrent que les envois promis enrichiront leur vie.

Cette forteresse de l'attention n'est pas totalement étanche, bien sûr. Les gens continuent de remarquer des choses qu'ils n'ont pas l'intention consciente de voir. Ils se laissent entraîner dans des modes, se surprennent à regarder des publicités originales et ne peuvent tout de même pas ignorer ce qui se passe à leur propre porte. Mais ce sont là des interruptions ponctuelles et non les événements prévisibles et mesurables sur lesquels se base le marketing.

Les *a priori*

Il y a quelques années, mon amie Lisa a écrit un best-seller. Les critiques de son livre publiées sur le site d'Amazon avaient vraiment de quoi surprendre. La moitié des lecteurs avait décerné cinq étoiles à l'ouvrage. Ils affirmaient qu'il était très poignant et exceptionnellement bien écrit, et certains d'entre eux mentionnaient qu'ils en avaient acheté plusieurs exemplaires afin d'en offrir à des amis. L'autre moitié n'avait accordé qu'une étoile au livre. Ils condamnaient sans appel l'auteur, sa façon d'écrire, son style de vie et même les gens qui avaient aimé son œuvre.

Étrange, n'est-ce pas ? Comment un livre peut-il susciter des opinions aussi diamétralement opposées ? Très simple : le livre ne suscitait rien du tout. Il permettait seulement aux lecteurs d'exprimer les préférences et les *a priori* qu'ils avaient avant même de l'ouvrir.

Il est tentant de se prendre pour un missionnaire du marketing, de penser qu'on peut transformer les buveurs de café en amateurs de thé, les connaisseurs de vodkas en buveurs de lait et les républicains en démocrates. De temps en temps, certaines personnes y parviennent. Mais le chemin est ardu et semé d'embûches.

Les gens ne veulent pas changer de vision du monde, ils aiment celle qu'ils ont, ils y croient et ils veulent qu'on la renforce.

Le style

Une fois que vous avez présenté une histoire aux gens partageant votre vision du monde et qu'ils lui ont accordé leur attention, le style, c'est-à-dire l'enveloppe et la forme du message, revêt une importance primordiale. Tout ce qui peut colorer votre narration (mots, couleurs, typographie, images, emballage, établissement des prix) est infiniment plus important que l'histoire elle-même.

J'écris ces mots dans un petit café de Pleasantville baptisé le Dragonfly. Le style du lieu colle parfaitement à l'histoire qu'il raconte. On passe une chanson d'Elvis (celui des premières années). Des bouddhas en pierre ont été déposés sur le rebord de la fenêtre, et les tasses en céramique produisent un son exquis lorsqu'on les pose sur les tables en pierre. Le menu est inscrit à la main sur des ardoises, et un jeune chien-guide ronfle doucement sous une table.

Le café et le thé (qui sont officiellement les « produits » servis ici) sont identiques à ceux que l'on vend à moitié prix au café d'en face. Mais cela ne fait rien. Les gens ne sont pas là pour le produit. Ils sont là pour l'histoire qu'on leur raconte et les sensations qu'elle leur procure.

Voilà pourquoi la rédaction publicitaire, la conception des sites web et la photographie ont tant d'importance. Voilà pourquoi il ne faut jamais sous-estimer le rôle de la tenue et de la manière de parler de votre personnel de vente. Quand Pat Holt dresse une liste de mots dont on ne doit pas abuser (en fait, totalement, absolument, complètement, constamment, littéralement, vraiment, malheureusement, ironiquement, profondément, finalement), elle ne se pose pas en gardienne du beau parler et de la grammaire. Elle nous rappelle que les mots ont leur poids et que chaque mot mal choisi éloigne un peu plus les gens qui sont déjà tentés de vous ignorer.

Les euphémismes de Carlin

Beaucoup d'auteurs sautent sur la première occasion qui se présente pour citer George Carlin dans leurs ouvrages. Mais j'ai une bonne raison de le faire : les euphémismes.

Les euphémismes sont les symptômes les plus connus des crises aiguës de rectitude politique, mais ce sont aussi des outils permettant de formuler une histoire qui puisse dépasser les préjugés d'un auditoire et donnant au conteur de plus grandes chances de se faire écouter. Voici dix euphémismes (parfois facétieux) que donne Carlin :

- prostitué(e) : travailleur/travailleuse du sexe ;
- non-croyant(e) : sans église ;
- CV mensonger : CV embelli ;
- matraque de policier : bâton ;
- acteur/actrice porno : interprète de films pour adultes ;

- service de chambre : dîner privé ;
- boîte de nuit : salle de fête ;
- obésité : surpoids ;
- comité : groupe de travail ;
- homme/femme de ménage (dans un hôtel) : préposé(e) aux chambres.

Dans tous les cas, l'euphémisme permet au conteur de créer une image avant que l'attention de l'auditoire ne lui échappe. Personne ne veut siéger à un comité, aussi prestigieux soit-il. Puisqu'on l'associe automatiquement à l'ennui et à l'inertie, le mot *comité* provoque une réaction allergique. L'expression *groupe de travail* véhicule (du moins pour l'instant) assez d'énergie pour nous convaincre d'écouter le reste de la phrase.

Même chose pour *boîte de nuit.* On n'invite pas des gens à fêter une bar-mitsva dans une boîte de nuit. En pareille occasion, on peut par contre les convier à se regrouper dans une salle de fête. Ainsi, ils envisageront au moins la possibilité de se présenter avant de refuser l'invitation.

Les *early adopters* et les autres

Les marketeurs de technologies adorent parler des *early adopters* et des consommateurs de masse. Les premiers sont les accros de technologie qui se jettent sur les tout derniers gadgets offerts sur le marché. Les seconds attendent que de pareils produits soient moins coûteux et parfaitement fiables, patientant parfois pendant des années entières. Il en va ainsi de la longue marche des lecteurs DVD : il leur a fallu dix ans pour passer du salon de l'accro à celui de votre mère.

Quand on y réfléchit bien, la différence entre *early adopters* et consommateurs de masse se résume à une divergence de visions du monde. C'est la différence entre les personnes qui ont le réflexe de se précipiter chez leur docteur au premier symptôme de rhume et celles qui ont tendance à rester chez elles pour se soigner. Ou entre les végétariens et les gens qui raffolent de steaks saignants.

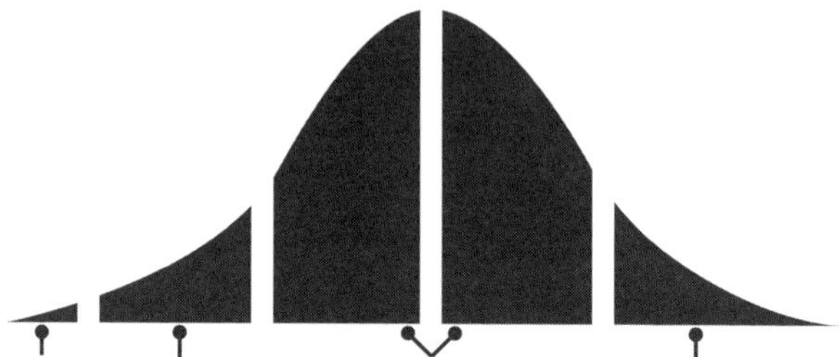

Cette courbe présente la vision du monde des consommateurs de nouveaux produits technologiques. L'audience de gauche (qui représente la minorité) se jette sur à peu près tout ce qui est nouveau. Celle du centre regroupe les consommateurs de masse. L'audience de droite se compose des consommateurs qui ne savent pas encore comment programmer leur lecteur vidéo.

Dans *Crossing the Chasm*, Geoffrey Moore a montré comment les produits se déplacent sur la courbe de l'adoption (menant des *early adopters* aux autres groupes de consommateurs). Le succès des histoires repose en grande partie sur le fait que de très nombreuses catégories de produits suivent la même courbe. L'erreur, c'est de supposer qu'il n'y a qu'une seule courbe du cycle de vie de l'adoption des produits et que l'unique facteur qui compte est la prédisposition qu'a une personne d'accepter une nouvelle technologie.

À titre d'illustration, voici la même courbe appliquée à la population américaine et à sa vision du monde en matière de questions environnementales.

C'en est presque une manie : les marketeurs focalisent leur attention sur le centre de toutes les courbes qu'ils rencontrent. Et ils sont déçus tous les coups. Le centre est encombré, grouillant d'interférences et de désirs déjà assouvis. Ce sont dans les marges que vous trouverez les personnes dont la vision du monde est laissée pour compte.

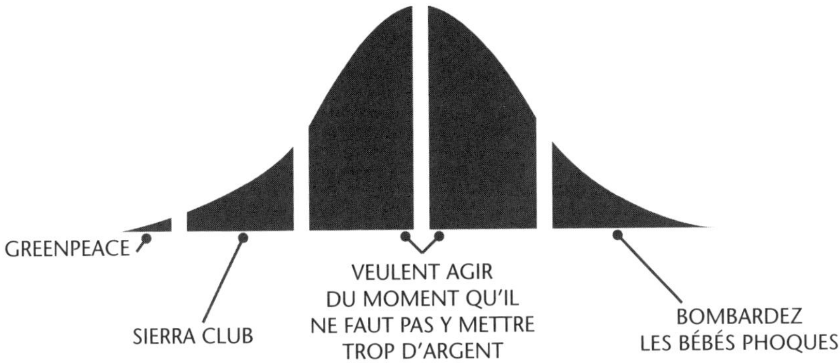

Une vision du monde plus petite que le monde

Je ne voudrais pas que le terme « vision du *monde* » prête à confusion. Il sous-entend peut-être que les *a priori* d'un consommateur influencent sa réflexion sur les grands problèmes de l'existence. Dans la plupart des cas, cependant, la vision du monde telle que je la définis a trait à notre perception de tout petits aspects de la vie quotidienne, comme le souvenir que nous avons d'une tablette de chocolat, l'idée que nous nous faisons d'un CV ou l'impression que nous laisse une publicité à la radio. La vision du monde est le prisme à travers lequel nous examinons chacune des décisions que nous sommes amenés à prendre.

En même temps, il serait naïf de penser que 100 millions de personnes différentes auraient 100 millions de visions du monde différentes. Ces visions s'agglomèrent, forment des grappes, pour ainsi dire. Des personnes étrangères les unes aux autres se trouvent ainsi réunies par des dénominateurs communs. Je ne suis pas le premier à décrire ces similitudes, mais ce que je veux souligner ici, c'est qu'aucune grappe en particulier n'a d'importance en soi. Ce qui compte, c'est de repérer les dénominateurs communs des grappes de consommateurs. J'espère que vous deviendrez habiles à le faire. Voyons, par exemple, ce que l'absence de sonnettes au New Hampshire et les magasins de produits naturels ont en commun.

Il n'y a pas de sonnettes dans le New Hampshire

L'année dernière, ma famille et moi sommes allés faire du porte-à-porte au New Hampshire. À notre grande surprise, nous avons découvert qu'il nous était impossible de sonner aux portes (du moins dans le secteur résidentiel qui nous était attribué). Maisons modestes, petits palaces, tous étaient pareils : dépourvus de sonnettes. Comme la technologie de la sonnette ne date pas d'hier, on peut supposer que les résidents de ce quartier du New Hampshire auraient très bien pu se procurer un de ces appareils s'ils l'avaient voulu.

Alors, pourquoi l'absence de sonnettes ? Elle traduisait la vision du monde particulière à cette communauté, soit un parti pris contre les étrangers : « Entrez si vous êtes un ami, retirez-vous si vous êtes un étranger ». De toute évidence, il était essentiel de comprendre cette vision du monde pour espérer vendre la moindre chose dans le coin. Le style choisi pour présenter notre produit (le fait de sonner aux portes) devenait non seulement inutile, mais contre-productif.

Le dentifrice des consommateurs responsables

Tom's of Maine nous fournit un très bon exemple de narration.

Du point de vue du marketeur, la vente d'une marque particulière de dentifrice est plutôt ardue. Les gens n'achètent pas très souvent de dentifrice et accordent généralement peu d'importance à la marque qu'ils choisissent. Le coût du produit est si bas qu'ils ne s'embarrassent pas de décisions compliquées, et très peu d'entre eux courent les magasins pour trouver le dentifrice de leurs rêves. En conséquence, les consommateurs remarquent très peu la publicité consacrée à ce produit, à moins qu'il ne leur faille économiser en collectionnant des coupons de réduction.

Tom's a raconté une histoire. Une histoire sur les aliments sains, la fabrication responsable, l'authenticité et le militantisme par le dentifrice. Elle collait parfaitement à la vision du monde d'une minuscule partie du public. En ne choisissant de vendre ses dentifrices que dans les magasins de produits naturels, Tom s'adressait à un groupe de détaillants (et plus tard de consommateurs) qui étaient réceptifs à l'histoire qu'il racontait et à la manière dont il la cadrait.

Avec le temps, les produits de Tom's of Maine se sont répandus dans de nombreux foyers, et le bouche-à-oreille a fait son œuvre. Ces articles ont franchi le « gouffre » entre les maniaques de produits naturels et les autres. La rumeur s'est propagée de proche en proche. En fin de compte, des gens qui n'avaient pas l'habitude d'acheter des dentifrices bien particuliers se sont fabriqué un mensonge et l'ont raconté à d'autres. Pas parce que l'histoire changeait quoi que ce soit à leur dentition, mais parce qu'elle les rendait heureux.

Voici ce qu'a fait Tom :

- il a repéré une vision du monde commune ;
- il a formulé une histoire en fonction de cette vision ;
- il a facilité la propagation de l'histoire ;
- il a créé un nouveau marché qui est devenu le sien.

Une vision du monde ne fait pas une communauté

Par définition, les communautés partagent certaines visions du monde. Dans ma ville natale, par exemple, la communauté des mères d'élèves ont des points de vue similaires (mais non identiques) sur de très nombreux sujets, allant des politiciens aux automobiles. Cette similitude de points de vue est évidente. Ce qui fait de ces personnes une communauté, c'est qu'elles se parlent. Partageant leurs idées, elles révisent leurs préjugés et leurs choix en fonction de ce que font les autres membres de la communauté. Quand la première maman d'élève a acheté une minifourgonnette, toutes les autres mères de la communauté en ont parlé : elles évaluaient l'histoire qui se cachait derrière ce nouveau type de véhicule.

Mais une vision du monde commune ne fait pas forcément une communauté. Les gens qui n'aiment pas les concessionnaires d'automobiles, par exemple, ne forment pas une communauté homogène. Ils entretiennent seulement le même préjugé. Cela n'ouvrira pas pour autant un dialogue, parce qu'aucun d'eux n'est particulièrement intéressé par les autres personnes détestant les concessionnaires d'automobiles.

Dans ce livre, j'emploierai dans certains cas le mot *communauté* à la place du mot *marché*. Ce choix est justifié du fait que le bon marketing s'adresse à un groupe de personnes qui non seulement partagent un point de vue, mais en parlent, c'est-à-dire à une communauté.

Où trouver la vision du monde qui fera mouche ?

Je n'en ai aucune idée.

Peut-être chez les éléments progressistes de l'Alabama ou chez les fanas de haute fidélité qui se passionnent pour le cinéma maison. Peut-être chez les consommateurs qui s'intéressent aux carburants et aux plastiques dits biologiques. Il se peut aussi que vous trouviez la vision du monde de votre vie en exploitant la rébellion montante contre les technologies trop compliquées…

Nous avons affaire ici à un art et non à une science, et c'est ce qui rend la chose si intéressante (et si profitable). Les réponses ne sont pas évidentes, mais les étapes que vous devez suivre pour les trouver le sont.

Vous devez chercher. Dès que vous aurez compris que la découverte d'un groupe ayant une vision du monde commune peut transformer en profondeur le résultat de votre travail de marketing, vous serez à l'affût d'une telle vision. Vous vous préoccuperez beaucoup moins des questions de fabrication ou des modes et des tendances du marketing, et vous vous emploierez avant tout à chercher une histoire qui changera votre manière de vendre.

La vision du monde la plus importante

(du moins pour ce qui nous intéresse)

Le désir d'imiter les personnes que nous admirons est l'élément qui cimente notre société. C'est aussi l'ingrédient secret de toute entreprise de marketing fructueuse.

Vous n'avez aucune chance de rallier un grand nombre de personnes autour de votre point de vue par des moyens directs. Vous devez plutôt miser sur la vision du monde quasi universelle selon laquelle les gens aiment vivre au rythme de leurs pairs. Vous constaterez alors que les personnes qui croient votre histoire feront tout pour la répandre. Si celle-ci est facile à propager et que les gens que vous avez ralliés estiment qu'elle vaut la peine d'être racontée à d'autres, elle se propagera.

Ce qu'il faut surtout en conclure, c'est que toutes les visions du monde ne sont pas égales. Les visions du monde trop intimes, celles qu'on ne peut formuler sans gêne ou celles des gens qui n'aiment pas faire comme tout le monde n'offrent pas autant d'intérêt pour les marketeurs que celles qui sont susceptibles d'être divulguées. Du point de vue du marketeur, les visions du monde les plus profitables sont celles que les consommateurs aiment partager, celles qui leur font dire : « Il faut absolument que j'en parle ! ».

Comme le fait remarquer Rob Walker dans le *New York Times*, le bouche à oreille est l'œuvre de petits fragments de la population. On a donné bien des noms à ces minorités, mais ce qui compte vraiment, ce sont les traits de personnalité de leurs membres, notamment leur aptitude à mener, à influencer ou à devancer d'autres personnes. Ces caractéristiques en font des consommateurs bien plus importants que les autres pour les marketeurs qui veulent raconter une histoire.

Non contentes de propager votre histoire, certaines personnes rivaliseront d'efforts pour le faire avec le plus d'éclat possible. À New York, lors des dîners de gala organisés par Robin Hood, il n'est pas rare de voir un négociateur de Wall Street offrir 700 000 $ pour six entrées au défilé de mode hivernal de Victoria's Secret.

Décrivant les collectionneurs d'art extrêmement riches que l'on rencontre en très grand nombre à l'exposition Art Basel de Miami Beach, Amy Cappellazzo, de Christie's, dit ceci : « Ils préfèrent payer 500 000 $ d'enchères sur une œuvre qu'ils pourraient obtenir d'un intermédiaire privé pour 50 000 $. Ces gens sont des spéculateurs ; ils savent très bien ce qu'ils font ». On hésite quand même : le savent-ils vraiment ? Ne sont-ils pas plutôt idiots d'acheter une œuvre d'art dix fois plus qu'il ne faut pour le seul plaisir d'épater la galerie ? On comprend alors que ce n'est pas l'œuvre d'art qu'ils achètent, mais le processus. C'est ce que Lucy Mitchell-Innes, une collectionneuse d'œuvres d'art très en vue, confie au *Times* : « Les gens veulent [de l'art] parce que leurs amis veulent en avoir. Si ce qu'on vous propose est inconnu, s'il n'y en a qu'un seul, son attrait est moindre ».

Ce ne sont pas seulement les riches qui se disputent le privilège de raconter une histoire. On observe exactement le même comportement dans les compagnies qui font monter les prix d'un nom de domaine ou chez les consommateurs qui font la queue pour acheter à 1 $ le bracelet jaune d'une œuvre de bienfaisance.

Il importe peu que vous vendiez des bas à 3 $ chez K-mart ou une peinture à 300 000 $ à Miami. Dans les deux cas, les gens voudront se procurer ce que tout le monde est en train d'acheter.

Deux autres visions du monde dignes d'intérêt

1. « Il ne faut pas réparer ce qui n'est pas brisé »

S'il faut si souvent attendre une éternité avant que des solutions efficaces soient mises en œuvre, c'est que la peur du changement l'emporte sur les risques que présente le statu quo. En d'autres termes, les gens attendent d'avoir une crise cardiaque ou de devenir diabétiques pour se mettre au régime.

C'est la vision du monde la plus frustrante à laquelle peut se heurter le marketeur. Vous croyez en votre produit, vous savez qu'il aidera les consommateurs, mais ceux-ci refusent de lui accorder la moindre attention et à plus forte raison de l'acheter.

Pour remédier à cette situation, vous pouvez reconfigurer votre produit de manière à en faciliter l'emploi. C'est ce qu'a fait salesforce.com avec son logiciel d'automatisation des forces de vente. Au lieu d'offrir un produit coûteux qui en remplacerait un qui fonctionne encore (ce qui revient à réparer un objet qui n'est pas brisé), salesforce.com propose un abonnement mensuel qui permet d'utiliser à moindre coût le produit de remplacement, ce qui allège considérablement le poids des décisions d'achat des clients.

Autre solution : briser. Si votre produit (et, par extension, votre marketing) casse un système existant, le consommateur n'aura d'autre choix que de l'acheter ou, à tout le moins, d'y prêter attention et d'en envisager l'utilisation. C'est ce qui s'est passé avec le courrier électronique. Quand tous vos clients ou collègues se sont mis à l'utiliser, vous avez dû le faire aussi, car toutes les stratégies de communication qui avaient été jusqu'alors efficaces (usage des télécopieurs et autres appareils) ne l'étaient plus.

2. « J'aime travailler avec vous »

Le marketing par permission et le marketing viral doivent leur efficacité au fait qu'ils se dissocient totalement de l'éthique du pollupostage. Ces techniques donnent de bons résultats parce qu'elles regroupent des gens qui ont une vision commune du monde. Grâce à elles, nous pouvons nous adresser uniquement à des clients potentiels et à des personnes enclines à collaborer avec nous.

Quand un consommateur choisit de recevoir des messages électroniques de Dailycandy.com, il fournit ce faisant des indications très claires sur sa vision du monde. Cette prédisposition donne au site une bonne longueur d'avance pour communiquer avec ses clients parce qu'il peut formuler ses messages de manière à se faire entendre.

Comment allez-vous stimuler les personnes qui ont cette vision du monde ? Comment allez-vous les aider à disséminer l'idée que leur vision du monde est valable ?

Les cadres à l'œuvre

Supposez que votre patron vous demande de lancer un nouveau type de grignotines ou de chips.

Normalement, vous commenceriez par trouver un marché cible. Vous choisiriez les médias qui servent ce marché, vous concevriez une publicité et vous la feriez publier ou diffuser. Vous paieriez ensuite les frais d'étalage et vous feriez placer votre produit (dans un emballage haut en couleur) sur une étagère du rayon idoine. Vous envisageriez peut-être aussi de distribuer des coupons de réduction.

L'approche fondée sur les visions du monde est quelque peu différente.

Sachant que le rayon en question des supermarchés est toujours encombré (comme est saturé d'informations l'esprit des clients qui s'y arrêtent), vous pourriez commencer par repérer un segment susceptible de s'intéresser à une nouvelle histoire, racontée différemment. Dans ce cas précis, prenons l'exemple des mères qui pensent que « les chips ne sont pas bonnes pour la santé » et affirment que leurs enfants « n'en mangent pas ».

Ces consommatrices ne s'arrêtent pas à ce rayon et ignorent toutes les publicités qui concernent ces produits. En apparence, ce sont donc de très mauvaises clientes potentielles. Et pourtant, elles pourraient un jour constituer votre marché si vous leur présentez l'histoire qu'elles veulent entendre.

Vous concevez alors votre histoire. Vos chips sont faites avec du soja et non des pommes de terre. Ce sont des produits biologiques, sans OGM, à faible teneur en gras, saupoudrés de sel de mer, et aromatisés à la dulse et non au sodium. Elles ne sont pas emballées dans des sacs, mais dans des boîtes. De plus, on ne les trouve pas au rayon des chips, mais dans celui des produits frais, privilège pour lequel vous avez payé des frais d'étalage supplémentaires.

Ce n'est plus du tout la même histoire. Vous avez utilisé des cadres pour adapter le produit à la vision du monde du segment que vous vouliez rejoindre et, si vous vous y êtes bien pris, il y a de fortes chances pour que vos clients potentiels remarquent le changement de contexte et prêtent l'oreille à votre histoire. Si les chips sont bonnes et si, de surcroît, leur achat soulage la légère culpabilité des mères qui privaient auparavant leurs enfants de tels délices, vous aurez fait des adeptes.

Les mères qui partagent cette vision du monde ne forment pas une communauté homogène. Mais, comme tous les parents, elles se parlent et communiquent entre elles. Les mères de votre segment cible commenceront par servir vos chips à l'occasion de fêtes et en donneront à leurs enfants pour le repas qu'ils prendront à l'école. Il se peut aussi qu'elles mentionnent à quel point leurs petits en raffolent à l'occasion d'une rencontre entre voisins.

Dès lors, l'histoire commencera à circuler, et les mères qui ne partageaient pas cette vision du monde se mettront elles aussi à la recherche de votre produit. Peu après, vous pourrez vous permettre de faire placer ceux-ci dans le rayon des chips : votre histoire sera connue et adoptée, et votre public vous suivra.

Étape 1 : Tout consommateur a une vision du monde qui influe sur sa perception du produit que vous tentez de vendre. Cette vision modifie l'interprétation que fait chacun de tout ce que vous dites et faites. Cadrez votre histoire en fonction de sa vision du monde, et le consommateur l'écoutera.

Étape 2 : les consommateurs remarquent uniquement ce qui change et devinent le reste

Il est impossible de communiquer instantanément tous les faits, sans exception aucune, à toutes les personnes que l'on veut toucher. Le marketeur emprunte donc le raccourci de l'histoire, qu'il raconte au moyen d'un emballage, d'une campagne publicitaire ou de simples mots. Selon le contexte, sa narration peut se résumer à un sourire ou à une enseigne placée devant un immeuble. Ses histoires sont souvent assorties de bonnes intentions et, dans bien des cas, elles visent à faire état des faits. Mais quand le consommateur accueille l'idée qui lui est communiquée, il l'interprète. Il se ment, et il forme un jugement sans prendre connaissance de tous les faits. Par conséquent, les meilleures techniques de marketing sont celles qui ont le plus de chances de percer, d'être comprises et d'être propagées. Et comme les règles du jeu changent constamment, les tactiques doivent elles aussi changer.

J'aimerais dire (et je m'en étonne moi-même) que l'objet de ce livre est de vous convaincre d'être *moins* rationnel. Cessez de chercher la formule qui vous vaudra un succès immédiat. Les meilleurs marketeurs sont moins des scientifiques que des artistes. Ils savent que les gens achètent un produit (qu'il s'agisse d'une religion, d'un candidat politique, d'un accessoire ou d'un service) parce qu'il crée un désir et non parce qu'il comble un besoin. Ils ne peuvent réussir que lorsqu'ils comprennent la trame commune de toutes les bonnes histoires.

Comment notre cerveau fonctionne

Pour raconter une bonne histoire, vous devez savoir comment fonctionne le cerveau de la personne qui l'écoutera.

Quel que soit votre but (créer un produit, commercialiser ou diriger un organisme sans but lucratif), vous ne pouvez réussir que si vos idées se propagent. Plus cela arrivera, plus vous étendrez votre influence et plus les choses seront faciles pour vous. J'appelle une idée qui se propage une idée virale. Si les consommateurs qui comptent pour vous connaissent votre idée, vous gagnerez votre pari.

Les idées ne sont rien sans l'environnement qui les fait vivre. Reproduites au tableau ou dans un livre, elles n'ont pas, à strictement parler, de réalité en soi. Comme les virus, elles ont besoin d'un hôte et d'un cerveau pour survivre.

Un virus se propage en passant d'un hôte à un autre. Quand les scientifiques essaient de comprendre l'un de ces organismes, ils doivent d'abord savoir comment l'hôte (c'est-à-dire vous et moi) interagit avec lui.

La même chose vaut pour les idées virales. Mais plutôt que de saisir comment l'organisme réagit à un germe, nous devons comprendre comment le cerveau réagit aux idées et aux données qui lui sont présentées.

De récentes recherches sur le fonctionnement du cerveau montrent que nous utilisons quatre mécanismes pour traiter l'énorme quantité d'informations qui nous assaille tous les jours.

- *Détecter la différence*

  Quand nous sommes placés pour la première fois devant un fait, nous le comparons à la norme. S'il n'a rien de nouveau, nous n'en tenons aucun compte.

- *Chercher une cause*

  Une fois qu'une chose retient notre attention, nous mettons en branle les ressources de notre cerveau pour essayer de comprendre comment elle a pu se produire. Si une vitrine éclate, nous cherchons immédiatement des yeux la balle qui l'a fracassée. Nous élaborons spontanément une règle ou une théorie pour élucider la cause de l'événement.

- *Prédire*

  Nous faisons ensuite une prédiction, devinant ce qui va se passer dans le monde qui nous entoure à la suite du premier événement. Si notre prédiction se confirme, nous ne nous laissons plus surprendre par les événements semblables du monde extérieur, et notre cerveau se replie dans sa forteresse, ignorant dorénavant de pareils stimuli.

- *Se mettre en mode de dissonance cognitive*

  Une fois que nous nous sommes fait une idée d'une situation, que nous avons formulé des hypothèses sur ses causes et que nous avons fait des prédictions sur son aboutissement, nous nous accrochons à nos convictions. Nous ignorons autant que possible les données qui contredisent ces croyances, concentrant plutôt notre attention sur ce qui les étaie.

Détecter la différence : la grenouille et la mouche

Le cerveau d'un crapaud pèse environ 24 grammes, celui d'un être humain 60 fois plus. Aucun doute : l'être humain dispose d'un pouvoir mental infiniment plus important que les crapauds, les rainettes et les petites grenouilles de jardin (dont le cerveau ne pèse pas plus de 10 grammes).

Une énorme partie de notre cerveau est dévolue à notre capacité de voir et de réagir en fonction de ce que nous percevons. Cette capacité est complexe, et le simple fait de réagir rapidement à ce que nous voyons fait appel à une quantité démesurée de tissus cérébraux.

Malgré l'évolution remarquable du cerveau humain, malgré l'extraordinaire quantité de tissus cérébraux qu'il mobilise pour permettre à l'œil de voir et de traiter l'information qu'il reçoit, il nous est toujours impossible de happer une mouche en plein vol avec notre langue. Les mouches sont trop rapides, et nous sommes beaucoup trop lents.

Les grenouilles n'ont pourtant aucun mal à accomplir cet exploit.

Comment y réussissent-elles avec si peu de ressources ? Comment une grenouille, dont le cerveau est si minuscule, peut-elle détecter la présence d'une mouche, prévoir ses déplacements, diriger sa langue, viser sa proie et l'avaler en moins d'une seconde ?

La grenouille a optimisé son cerveau en fonction de la chasse aux mouches. Il se trouve d'ailleurs qu'elle est incapable de voir ce qui ne bouge pas. Entourée d'insectes inertes, elle mourra d'inanition, alors que la nourriture abonde autour d'elle. Et c'est cette même créature qui, avec une rapidité dont l'être humain est totalement dépourvu, peut happer une mouche d'un coup de langue.

Le secret de la grenouille ? Elle est exclusivement à l'affût des changements qui se produisent dans son environnement. Son cerveau n'excelle qu'à une seule et unique chose : surveiller les mouches qui volent autour d'elle. Parce que la grenouille ignore ce qui est statique et qu'elle se concentre uniquement sur ce qui bouge, elle est bien plus habile à attraper les mouches au vol que l'être humain.

Vous employez vous aussi cette stratégie, et beaucoup plus souvent que vous ne le pensez. Pas pour attraper des mouches, bien sûr, mais pour trier l'énorme quantité d'informations avec laquelle vous vous débattez tous les jours. Vous est-il déjà arrivé de voir le compteur kilométrique de votre voiture passer de 999 à 1 000 ? Vous ne vous souvenez peut-être pas d'y avoir jeté un coup d'œil quelques minutes avant ce moment précis, mais, par un singulier hasard, votre regard s'y est posé à l'instant même où s'est affiché le chiffre rond. De toute évidence, il ne s'agissait pas du tout d'une coïncidence.

Nous inspectons constamment le monde qui nous entoure pour déceler les changements qui y surviennent. Il nous suffit de pénétrer dans notre salon pour nous apercevoir de la moindre modification de ce lieu familier, et ce, du premier coup d'œil. Nous consultons notre montre 10 fois de suite sans enregistrer consciemment l'heure… jusqu'au moment où nous nous rendons compte que nous allons être en retard à un rendez-vous. Ce rendez-vous devient alors l'élément prédominant de notre activité consciente.

Non, nous ne sommes pas si différents des grenouilles. Nous remarquons avant tout les choses qui changent. Certes, nous peinons à attraper des mouches sans utiliser nos mains, mais nous remarquons immédiatement une nouvelle marque de bière ou la nouvelle coupe de cheveux du facteur.

Chercher une cause : les iPod défaillants

Il y a une raison à tout, n'est-ce pas ? Vous avez beau être convaincu (consciemment) du contraire, votre cerveau ne l'est pas.

La capacité de dégrossir et d'affiner les superstitions est l'un des talents les plus prodigieux du cerveau. Contrairement à la plupart des êtres vivants (et même des ordinateurs), l'être humain tient absolument à expliquer ce qui lui arrive au moyen d'une théorie.

Dans l'un de ses récents articles, le *New York Times* relate les expériences de personnes en tous points intelligentes et rationnelles qui croyaient dur comme fer que la fonction de lecture aléatoire de leur iPod était défaillante. Une fois cette fonction activée, l'appareil doit normalement sélectionner et faire jouer des chansons au hasard. Les utilisateurs en question étaient persuadés que leur iPod était défectueux parce qu'il passait fréquemment les mêmes compositions. Au lieu d'être aléatoire, pensaient-ils, le mécanisme de lecture semblait privilégier certaines chansons et en négliger d'autres.

Un coup d'œil rapide sur la sélection de mon iPod confirme que c'est effectivement ce qui se passe : certaines chansons reviennent dix fois plus souvent que d'autres. Mais n'est-ce pas justement la manière dont l'appareil est *censé* fonctionner ? N'est-ce pas la nature du hasard ? Qui dit aléatoire ne dit pas forcément égal et équilibré, loin de là.

Ces usagers superstitieux s'étaient mis en tête que leur lecteur aimait certaines chansons et en boudait d'autres. Ils avaient doté leur lecteur d'une personnalité et s'étaient mis à traquer impitoyablement toutes les compositions qui revenaient à répétition. Dès qu'une chanson passait une fois sur deux, ils se disaient : « C'est bien ça. Mon iPod adore Fatboy Slim ! ». Bien entendu, ils ne tenaient aucun compte des chansons qui revenaient plus rarement.

C'est exactement la raison pour laquelle nous craignons de passer sous une échelle ou pour laquelle nous croyons qu'une patte de lapin porte bonheur. Nous construisons des hypothèses et nous ne nous intéressons qu'à ce qui peut les confirmer (en oubliant du même souffle tout ce qui peut les infirmer).

En novembre 2004, Diana Duyser a eu recours à eBay pour mettre aux enchères un vieux sandwich au fromage fondu. Si vous observez la photo du sandwich sous le bon angle, les mirages de l'esprit sont tels que vous croyez apercevoir la face de la Vierge Marie gravée dans la mie. Plus de 20 000 personnes ont visité la page web de Diana Duyser, qui a obtenu environ 28 000 $ pour l'article qu'elle y affichait. On parle bien d'un sandwich au fromage vieux de dix ans ! Quelqu'un m'a demandé si c'était un faux. Un faux ? Voulait-on dire qu'il ne s'agissait peut-être pas du vrai sandwich où apparaît la face de la Vierge ? Les cellules très sérieuses de notre cerveau ont inventé ce visage parce qu'il leur faut toujours trouver une intrigue, une histoire ou une explication quelconque qui rende compte de ce que nous voyons.

Nous cherchons des explications là où il n'y en a pas parce que notre cerveau a tellement l'habitude d'être actif qu'il ne peut accepter passivement l'aléatoire. Face à l'aléatoire, les êtres humains inventent leurs propres mensonges.

Prédire

Fcl d lr cs mts sns vylls.

Devant ce message incongru, nous nous démenons vaillamment pour trouver une explication. Nous remplissons les vides et essayons de deviner ce qui est écrit. Si notre intuition s'avère juste, nous nous déclarons satisfaits de l'explication et nous passons à autre chose. Il est fort probable que vous n'ayez eu aucun mal à déchiffrer ce message. En revanche, si vous essayez de comprendre ce que signifient les lettres *tre iuall nwa ou etts iht*, vous finirez probablement par jeter l'éponge, non sans en être frustré, agacé d'avoir été incapable de trouver une stratégie permettant de percer le mystère. Nous aimons deviner la bonne réponse. Dans la plupart des cas, les conjectures qui nous permettent de le faire sont fortement influencées par notre vision du monde.

La dissonance cognitive : les présidents qu'on hait

Pensez à trois présidents : Kennedy, Nixon et Clinton. Vous avez sans doute des opinions très tranchées à propos de ces trois hommes. Et il est à peu près certain que soit vous les adorez, soit vous les détestez.

Or, ces hommes politiques ont tous assumé leur mandat présidentiel de manière très inégale. Tous trois ont accompli des prouesses remarquables et entrepris des gestes héroïques. Il est également vrai, par contre, que tous trois ont eu des comportements embarrassants ou ont agi de manière à nuire aux intérêts de leur pays. Difficile de concilier ces idées contradictoires, n'est-ce pas ?

Vous avez fait une supposition à propos de chacun de ces hommes à partir d'un événement en particulier ou même de leur apparence physique. Quand de nouvelles informations sont venues compliquer votre jugement, vous avez mis en place une histoire qui appuyait et renforçait votre point de vue (il ne suffisait plus à Nixon d'être un escroc, il fallait encore qu'il trompe la population à propos de la guerre au Vietnam) et vous avez ignoré ce qui contredisait votre point de vue.

Les recherches montrent que les consommateurs de biens et services réagissent exactement de la même manière. Intervertissez le contenu d'une canette de Coca et d'une canette de Pepsi et faites un test de dégustation. Il y a de fortes chances que les participants choisissent la marque bien avant le contenu. Tenez-vous bien, car la chose est plutôt hallucinante : les gens choisiront la canette de Coca (contenant du Pepsi) comme boisson préférée même s'ils aiment davantage le goût du Coca. En d'autres termes, nous buvons la marque et non la boisson, et ce, parce que nous faisons absolument tout ce que nous pouvons pour défendre notre droit d'affirmer nos premières opinions.

C'est à la fois une bonne et une mauvaise chose pour le marketeur. Bonne chose pour le diplômé de Harvard qui sollicite un emploi auprès d'une avocate qui a elle aussi fait ses études à Harvard : même si le candidat est un parfait imbécile, l'avocate aura un préjugé favorable à son égard. Mauvaise chose pour la compagnie aérienne dont l'un des clients vient de se faire malmener au téléphone ou à la billetterie par un employé.

On a ce qu'on veut

La sclérose en plaques est due à un manque de dopamine. Des médecins qui expérimentaient un nouveau traitement pour cette maladie ont découvert avec étonnement que le cerveau des patients qui participaient aux tests produisait de la dopamine immédiatement avant que le nouveau médicament ne soit administré.

En d'autres termes, les attentes que suscitaient le nouveau médicament favorisaient l'auto-guérison.

Dans un autre registre, certains clients de l'Union Square Café de Manhattan portent aux nues la qualité exceptionnelle du service dans ce restaurant. Or si ce service est bon il semblera irréprochable à ceux qui s'en seront persuadés avant même de s'asseoir à une table. Ils se remémoreront les bons moments qu'ils auront passés dans le restaurant et les décriront dans leurs moindres détails en oubliant tout ce qui ce pourrait assombrir le tableau.

On a ce qu'on veut parce qu'on ne fait que mettre en scène un scénario personnel élaboré d'avance. Quand on veut que quelque chose se produise, le cerveau s'exécute.

Fort de ces informations, on peut facilement se mettre en tête de leurrer les consommateurs en leur faisant croire, par exemple, qu'un produit est nouveau et différent, alors qu'il ne l'est pas. On peut facilement être tenté de vendre une histoire qui est tout simplement fausse. Mais, comme on le verra plus tard, cette attitude mène tout droit au désastre. Il est plus important d'être authentique que de se faire remarquer.

Étape 2 : Les gens remarquent uniquement ce qui tranche, ce qui diffère de la situation habituelle, et se mettent aussitôt à spéculer sur ce qui va arriver ensuite.

Étape 3 : l'histoire naît de la première impression

Nous le savons déjà : les décisions d'achat importantes sont presque toujours instantanées. Ces décisions éclair influencent tout ce que nous faisons par la suite, et nous sommes prêts à faire l'impossible pour les défendre, quitte à nous y employer jusqu'à notre dernier souffle.

Vous n'avez pas beaucoup de temps pour raconter une histoire

Comme nous l'avons vu à propos du fonctionnement du cerveau, les êtres humains ne peuvent pas se passer d'histoires. Incapables d'examiner et de trier tous les faits qui leur sont présentés, ils construisent une théorie à partir de leurs observations et s'activent sans relâche à la peaufiner.

Le plus étonnant, c'est la rapidité avec laquelle ils inventent des histoires. Il leur suffit de quelques secondes pour porter un jugement décisif sur un détaillant, un vendeur, une jaquette de livre ou une émission de télévision. Cette rapidité de jugement est tout particulièrement dévastatrice lorsqu'il est question d'évaluer un autre être humain.

Regardez ce dessin

Il représente une toute petite partie d'un animal. Mais ces quelques traits suffisent pour vous permettre d'imaginer le reste : les oreilles, les défenses, les pattes gigantesques et peut-être même l'odeur de l'éléphant. Nous formons des jugements instantanés parce qu'ils nous aident à avoir prise sur le monde extérieur.

Voici un autre dessin. Ce n'est qu'une représentation fragmentaire de trois lettres. Mais le style des caractères vous renseigne immédiatement sur ce que vous trouverez à cette enseigne. Des cafés chargés d'arôme, mais aussi un certain type de fauteuils, une certaine attitude du personnel et le bruit particulier des cafetières à expresso. Vous pourriez sans doute reconnaître ce lieu les yeux fermés. Et pourtant, vous n'avez jamais vu *cet* éléphant. Vous n'avez jamais vu *ce* café Starbucks. Vous avez formulé un nombre remarquable de prédictions à partir d'un jugement extrêmement rapide et de quelques données.

La toute première perception

Dans son magistral *Blink*, Malcolm Gladwell apporte la preuve irréfutable que les êtres humains prennent des décisions fondées sur une quantité infime de données et qu'ils persévèrent ensuite dans leur décision au mépris de tous les faits qui viendraient l'ébranler. Nous décidons qu'une personnalité politique nous représente parfaitement même s'il lui arrive de dire n'importe quoi, de prendre des décisions contestables ou même d'être inculpée. Nous jugeons une situation dès les premières minutes d'une réunion d'affaires et nous continuons à la juger à travers le prisme déformant de nos premières impressions.

L'une des études que rapporte Gladwell nous apprend que la décision de poursuivre ou non un chirurgien pour faute professionnelle n'a absolument aucun rapport avec la négligence ou l'incompétence de ce médecin. En fait, elle dépend presque exclusivement des rapports que nous avons établis avec lui durant les premières minutes de l'examen préopératoire. En d'autres termes, nous décidons *avant la chirurgie* de poursuivre ou non le médecin si quelque chose tourne mal.

La portée de ces jugements a de quoi surprendre, mais le mécanisme sous-jacent s'explique assez facilement. Nos ancêtres n'avaient aucune chance de survivre dans un environnement hostile s'ils ne prenaient pas des décisions judicieuses et promptes. S'il leur avait fallu réfléchir une semaine ou même un jour pour décider si l'homme de Néandertal qui venait à leur rencontre était un ami ou un ennemi, ils auraient été rapidement taillés en pièces. Ce sont eux qui nous ont légué la capacité d'évaluer des situations au premier coup d'œil.

Nous sommes toutefois des créatures dotées d'un ego et, par conséquent, nous nous sentons obligés de justifier nos décisions. Notre supérieure n'aime pas admettre qu'elle a tort, mais nous non plus. Alors, nous biaisons nos perceptions pour qu'elles confirment notre premier jugement.

Si vous avez passé (ou fait passer) un entretien d'embauche, vous avez sans doute observé ce phénomène à l'œuvre. L'immense majorité de ces entrevues sont conclues en moins de cinq minutes. Soit vous êtes engagé, et le reste de l'entretien ne fait que confirmer la décision de l'employeur, soit vous ne l'êtes pas, et le reste de l'entrevue n'est qu'une formalité : on est assez poli pour ne pas vous annoncer, dès les premières minutes de votre prestation, que vous n'avez pas obtenu le poste convoité.

Voilà pourquoi les rencontres à la chaîne ont tant de succès. Soixante personnes se retrouvent dans un bar. Les femmes sont assises à des tables. Les hommes s'y arrêtent à tour de rôle pour discuter pendant environ six minutes avec chaque « candidate » et faire connaissance avec elle. Est-ce une manière raisonnable de rencontrer quelqu'un pour la soirée et *a fortiori* pour la vie ? Non, bien sûr, mais cette démarche reflète assez bien celle que nous suivons pour prendre nos décisions.

Tout cela explique pourquoi les escrocs conservent longtemps leur position, pourquoi les électeurs restent fidèles à des politiciens qui ne tiennent pas leurs promesses et aussi pourquoi nous sommes superstitieux.

Il suffit d'allumer la radio pour entendre des personnages politiques dénoncer avec violence les actions soi-disant répréhensibles de leurs adversaires, alors qu'ils ont eux-mêmes fait la même chose, et souvent bien pire. Le phénomène n'est guère nouveau, puisqu'il revient simplement à justifier des jugements primaires, ce que l'être humain fait déjà depuis des milliers d'années.

Pour survivre à la guerre des choix, les consommateurs font des jugements sélectifs. Il ne leur faut qu'une fraction de seconde pour embrasser d'un seul regard la manière dont une personne paraît, agit, parle, se tient et s'habille. Dans un magasin, ils examinent les emballages, les prix, les uniformes, l'éclairage, l'emplacement et la petite musique de fond pour en tirer immédiatement des conclusions. Bien entendu, celles-ci seront toujours contredites par certains faits, mais on n'en tiendra aucun compte.

Les éléments d'une histoire s'agencent en un éclair. Si cette dernière porte à confusion, se contredit ou est carrément impossible, le consommateur panique et l'ignore. Si elle le captive et qu'elle éveille des désirs primaires (comme la peur, le pouvoir ou l'acceptation de soi), elle obtiendra peut-être son assentiment.

N'oubliez pas, toutefois, que l'histoire narrée doit faire écho à la vision du monde du consommateur. Il arrive de temps en temps qu'un produit soit assez puissant pour changer cette vision. Mais n'y comptez pas trop !

Le mythe de la première impression

Sachant maintenant que les jugements sont par définition expéditifs, vous risquez de vous trouver en proie à une obsession : celle de faire une première impression parfaite. Vous vous direz que pareille occasion ne reviendra pas, que vous n'aurez plus jamais d'autre chance. Vous choisirez des vêtements des plus présentables, vous ferez resplendir la vitrine de votre restaurant à force de l'astiquer et vous répondrez au téléphone à la première sonnerie. Vous vous répéterez que la première impression est absolument cruciale.

Le problème c'est que dans 99 % des cas, la première impression ne laisse en fait aucune impression.

Vous pouvez dépenser une fortune en publicité sans intéresser un seul consommateur. Vous pouvez porter un tailleur de 999 $ sans attirer le moindre regard. Vous pouvez consacrer des sommes astronomiques à votre signalisation, à vos uniformes, à votre emplacement, à votre tarification, à votre service à la clientèle et même au parfum d'ambiance de votre magasin et ne rencontrer que des clients indifférents qui remarquent à peine vos efforts.

Le problème, ce n'est pas que la première impression ne compte pas (elle compte au plus haut point), c'est qu'on ne sait jamais à quel moment elle se produira. En effet, premier contact et première impression ne sont pas synonymes.

Voilà pourquoi l'authenticité revêt tant d'importance.

Il importe peu que l'histoire que nous racontons au consommateur soit entièrement factuelle. Si elle est intéressante et formulée en fonction de la vision du monde qu'il fait sienne, il la reprendra à son compte et se convaincra tout seul de son propre mensonge. C'est là que l'authenticité entre en jeu, car nous ne savons pas jusqu'à quel point le consommateur participera à l'invention de l'histoire qu'il se racontera.

Si nos enseignes et notre emplacement sont cool, mais que nos employés et nos produits ne le sont pas, l'histoire que nous racontons n'est pas cohérente. C'est seulement lorsque l'entreprise (ou l'organisme ou la personne) est authentique que nous pouvons être sûrs que l'histoire sera assez cohérente pour toucher un maximum de consommateurs.

En résumé :

- les jugements instantanés ont énormément de poids ;
- les êtres humains font tout ce qui est en leur pouvoir pour confirmer leurs premiers jugements ;
- vos clients potentiels formeront de tels jugements, indépendamment du fait que vous vouliez ou non les amener à le faire ;
- les êtres humains confirment leurs jugements initiaux en en parlant à autrui ;

- on ne sait jamais quelle donnée déclenchera la véritable première impression, celle qui compte ;
- les entreprises et les personnes authentiques ont nettement plus de chances que les autres d'inciter les consommateurs à écouter leur histoire, à la croire et à la répéter.

L'important n'est pas de consacrer tout votre temps et tout votre argent à votre enseigne, à votre refrain publicitaire ou à votre site web. L'important est d'uniformiser *tous* les points de contact. En l'absence de cohérence et d'authenticité, il vous sera si difficile de prévoir quand se fera la première impression qu'il vaudra peut-être mieux renoncer à votre histoire. En revanche, si vous parvenez à embrasser toutes les impressions possibles et à amener le consommateur à les agencer en une histoire cohérente, vous aurez de fortes chances de réussir.

Pourquoi faut-il tenir compte des superstitions

Les superstitions ne sont rien d'autre que des théories erronées fondées sur des jugements instantanés. Quand elles sont mauvaises, les premières impressions aboutissent à des histoires inexactes : ce sont les superstitions que nous faisons naître et auxquelles nous croyons.

Les gens entretiennent des superstitions à propos de tout ce que vous commercialisez. Vous pouvez en faire fi ou lutter contre elles, mais ces deux stratégies risquent de vous coûter cher. La « troisième voie » est la seule stratégie qui marche : il faut créer des interactions personnelles si fortes et si persuasives qu'elles amènent les consommateurs à changer d'histoire.

Si un client a eu une conversation téléphonique désagréable avec l'agent de réservations d'un hôtel, sa réaction sera de détester tous les employés auxquels il aura affaire quand il arrivera à l'hôtel. La solution ? La seule et unique solution ? Ce n'est ni une magnifique moquette, ni des prix compétitifs, ni un matelas extraordinairement confortable.

C'est l'interaction personnelle chaleureuse d'un individu authentique et soucieux du bien-être de ses hôtes avec votre client mécontent.

Les faits ne sont pas le meilleur antidote contre la superstition. L'interaction personnelle profonde et authentique l'est. Ce n'est pas sans raison que les politiciens continuent à serrer les mains des électeurs et que les détaillants continuent de survivre au succès d'Amazon.

L'histoire du recyclage

Quand elles ont découvert que le recyclage n'était pas aussi efficace qu'elles le croyaient, certaines personnes ont été profondément bouleversées. Le propriétaire d'un 4x4 et habituel consommateur de thon en conserve est scandalisé d'apprendre que le tri sélectif n'est pas un remède mais un simple palliatif au problème des ordures.

Il s'avère que le recyclage ne permet pas d'économiser autant d'argent ni de conserver autant de ressources que la population le croit. À plusieurs égards, le recyclage est plus coûteux qu'économique. Les coûts que génèrent la manutention, le tri et la transformation des ordures sont excessivement élevés, surtout dans les régions trop ou trop peu peuplées.

Il ne s'agit que de quelques canettes vides, direz-vous. Pourquoi les gens ont-ils été si outrés ? Pourquoi ont-ils signé des pétitions, organisé des manifestations et inondé la mairie de coups de téléphone quand ils ont appris que le programme de recyclage avait été annulé ?

Les gens se sont rebellés parce que la réalité du recyclage ébranlait une vision du monde profondément ancrée en eux. Le recyclage nous donne bonne conscience. Il nous offre une forme d'absolution. Il nous restitue notre pureté. Nous priver du recyclage, c'est nous dire que nous avons préféré nous convaincre d'un mensonge plutôt que de faire face à la réalité.

Les New-yorkais ont été indignés quand leur maire a aboli le programme de recyclage. Des milliers d'entre eux ont continué à conserver leurs canettes et leurs bouteilles vides parce qu'il leur était moralement insupportable de les jeter.

Le mensonge du recyclage était subtil, multidimensionnel et profondément enraciné chez les consommateurs. C'est exactement le genre d'histoire que vous devez raconter pour vendre une marque qui durera.

Étape 3 : Les êtres humains sont capables de former des jugements extrêmement complexes en une fraction de seconde et ne reviennent pas facilement sur leurs conclusions une fois qu'ils les ont tirées.

Étape 4 : les bons marketeurs racontent des histoires auxquelles nous croyons

Êtes-vous un marketeur ?

J'en suis persuadé.

Je suis sûr que vous avez une idée à faire connaître. Je suis certain que vous aimeriez attirer plus de fidèles à votre église, amener les gens à voter pour votre candidat, vous faire inviter à un souper galant ou décrocher l'emploi de vos rêves.

Si vous avez des employés, je suis sûr que vous aimeriez qu'ils répondent un peu plus à vos attentes. Si vous sollicitez un prêt, je suis certain que vous voulez l'obtenir.

Nous faisons du marketing tous les jours. Certains se jugent totalement inaptes à cette entreprise et, pis encore, s'imaginent que leur échec est dû à une incompétence intrinsèque. Ils ont tort. Leur seule lacune est de ne pas savoir raconter une histoire. De ne pas encore savoir le faire, plutôt.

Pourquoi avez-vous acheté ce livre ?

Drôle d'histoire… On achète des livres, des millions de livres chaque année, sans savoir de quoi ils traitent ou du moins comment ils en traitent. La seule manière de savoir si on va aimer ou non un ouvrage, c'est de le lire (et il n'est dès lors plus nécessaire de l'acheter).

La même chose vaut pour d'autres articles. Les gens achètent une voiture, une cuisinière ou une maison en se basant sur une évaluation hâtive et superficielle. Nous votons pour un président sans « l'essayer », sans nous dire : « Laissons-le gouverner un mois et nous verrons ensuite ».

Les consommateurs veulent donner l'impression qu'ils sont rationnels, réfléchis et méticuleux quand ils font des achats. Rien n'est moins vrai. Ils préfèrent les histoires.

Ce sont les histoires qui les guident.

Si vous vous êtes procuré ce livre, ce n'est pas parce que vous l'avez déjà lu et aimé.

Vous l'avez probablement acheté parce que vous avez lu quelque chose au sujet de son auteur.

Ou qu'un collègue vous l'a recommandé…

Ou que vous avez lu le revers de la couverture et que vous avez jugé intéressant de lire le livre au complet…

Ou que vous êtes tombé dessus par hasard, et que quelque chose a attiré votre regard…

Ou que le libraire vous a adressé un regard complice et respectueux quand vous avez commencé à le feuilleter…

Il y a de très nombreuses raisons à votre achat, mais aucune d'entre elles n'a de rapport avec votre utilisation personnelle et effective du produit (le livre).

Vous avez acheté ce volume en raison de l'histoire que vous vous êtes racontée. Certaines narrations relèvent de la fiction (allez-vous vraiment vous attirer la malchance si vous passez sous une échelle ?), d'autres s'appuient sur des faits (on sera moins souvent forcé de faire le plein si l'on a un véhicule qui, selon l'EPA, organisme américain pour la protection de l'environnement, consomme 4,7 litres pour 100 kilomètres).

Même quand elles s'appuient sur des faits, les histoires sur lesquelles se basent les consommateurs pour prendre des décisions prennent des proportions excessives. Une seule histoire ne dit pas toute la vérité. Al Gore (qui n'est pas homme à exagérer outre mesure) n'a jamais prétendu qu'il avait inventé les autoroutes de l'information, mais l'histoire était assez bonne pour pousser des milliers d'électeurs à se faire une opinion de lui. Un 4x4 n'est pas plus fiable qu'une voiture familiale, mais l'histoire de sécurité qu'il raconte convainc sans difficulté le conducteur qui se hisse sur le siège du véhicule et balaie la route du regard. Et le comptable que vous avez engagé ? Sa poignée de main est franche, ses références sont impeccables, et il inspire la confiance. Vous vous réjouissez d'avoir pris la bonne décision en l'engageant, mais rien ne vous prouve qu'il soit parfaitement honnête.

Comment raconter des histoires sur internet

Les marketeurs se sont affolés (et je pèse soigneusement mes mots) quand la domination télévisuelle a commencé à s'écrouler. Ils ont été pris de panique parce qu'ils avaient toujours vécu dans l'illusion que marketing et publicité ne faisaient qu'un. Le déclin de la publicité télévisée les a plongés dans un désarroi total.

De gros annonceurs, comme Procter & Gamble, ont investi des millions de dollars dans la conception de messages publicitaires pour le Web calqués sur ceux qu'on diffuse à la télévision. (Il existe encore dans la communauté en ligne des comités et des commissions qui prônent ce type de stratégie.) Mais ils se sont aperçus assez rapidement que si les usagers pouvaient bloquer ces annonces, ils n'hésiteraient pas à le faire.

Dans le monde d'Internet, le travail du marketeur ne consiste nullement à reproduire le modèle du marketing de masse et à créer des annonces auxquelles le consommateur ne pourra pas échapper. Il consiste plutôt à exploiter les multiples dimensions de notre culture médiatique pour raconter des histoires plus complexes avec une rapidité et une efficacité que ne peut pas leur apporter la publicité télévisée.

Nous savons maintenant que le marketing consiste à narrer une histoire. Nous savons aussi que tout, dans une entreprise, participe à cette histoire. Le choix est simple : soit *tous* les employés du service de marketing et de la compagnie racontent une histoire qui intéresse les consommateurs, soit celle-ci est condamnée à disparaître.

Comment se faire élire président

Les élections présidentielles américaines de 2004 méritent d'être étudiées pour plusieurs raisons.

- Elles ont été suivies (de près ou de loin) partout dans le monde.
- Des centaines de millions de dollars y ont été investis, mais certains des plus grands succès (et des pires échecs) des deux campagnes n'ont absolument rien coûté.
- Beaucoup d'histoires ont été racontées.

Pourquoi, après avoir dépensé 100 millions de dollars, John Kerry a-t-il perdu les élections au profit d'un rival dont la cote de popularité était au plus bas ? Simple : il n'a pas raconté une histoire cohérente. Il n'a pas propagé un mensonge qui valait la peine d'être retenu, une histoire dont on avait envie de parler.

Les gens prennent les petites et les grandes décisions de leur vie en fonction d'une seule chose : le mensonge qu'ils se racontent sur les gestes qu'ils vont poser. Or Kerry n'a pas réussi à narrer une histoire que les gens voulaient croire. Je ne parle ni de ses mots ni de ses discours, mais de son histoire *vécue*, incarnée dans tout ce qu'il faisait, disait et projetait.

Tout, dans le personnage politique, raconte une histoire : sa tenue vestimentaire, son épouse, ses conseillers... Les candidats essaient parfois d'influencer les réactions du public en émettant un communiqué de presse ou en faisant un discours. Cette stratégie ne marche plus. Qu'on l'aime ou non, George W. Bush a incarné avec un extraordinaire talent le personnage du dirigeant fort, convaincu et infaillible. Kerry a voulu le battre sur le plan de l'intellect, mais il a échoué parce que trop peu d'électeurs avaient choisi de croire une histoire qu'ils percevaient comme obscure et incohérente.

Comme tous les marchés compétitifs, le marché électoral se compose de consommateurs s'identifiant à une vision particulière du monde, ayant un préjugé favorable en faveur des choix qu'ils font et boudant ou même dénigrant les autres marques. En politique, la pire tentation est de s'imaginer (non sans arrogance) que, parce qu'on est sûr d'avoir raison, on va persuader les gens de changer d'avis.

Mais, comme les consommateurs, les électeurs ont horreur d'admettre qu'ils ont tort. La seule façon de les faire changer d'avis, c'est de contourner d'une manière ou d'une autre les barrières qu'ils ont érigées afin de se couper des points de vue opposés aux leurs, puis de raconter une histoire qui fera boule de neige. Dans le climat politique actuel, ces histoires sont infiniment plus coûteuses qu'elles ne l'ont été jusqu'à présent.

Avis aux candidats de 2008 : sachez que la moitié de l'électorat a une vision du monde qui lui fera ignorer une histoire partisane. Hillary Clinton se heurte plus que d'autres à une vision du monde parce qu'une grande majorité de l'électorat s'est déjà forgé une opinion à son propos. Même chose pour John Ashcroft. Il n'a aucune chance de raconter son histoire à une grande partie de l'électorat parce que la vision du monde qu'il y a suscitée s'est déjà cristallisée. Le bon sens politique nous dit que ces candidats ont tous deux des chances s'ils ont une bonne équipe et assez d'argent. Je n'y crois pas. Je suis convaincu que tout l'argent du monde ne parviendra jamais à faire changer d'avis les gens ayant déjà des opinions tranchées.

Quand un personnage politique entame une campagne sans savoir communiquer son message aux personnes qui désirent l'écouter, la bataille est perdue d'avance. Ashcroft et Clinton ne peuvent remporter une victoire que s'ils réussissent à convaincre des millions de gens de changer d'avis. Comme nous l'avons vu, c'est chose pratiquement impossible dans un domaine aussi banal que celui des produits cosmétiques. En politique, ce serait franchement inconcevable.

L'ère de la postconsommation

Les histoires ne marchent que parce que les consommateurs achètent ce dont ils n'ont pas besoin. Quand un individu doit satisfaire un besoin essentiel (manger, boire, se loger), il se préoccupe avant tout de l'article qu'il achète. S'il a vraiment faim, il se soucie beaucoup plus du contenu que de l'emballage d'un article. Mais, fort heureusement, il est assez rare qu'un individu souffre vraiment de la faim dans notre société.

Il n'y a jamais eu autant de richesse dans notre monde. Même les Américains les plus défavorisés ont un téléviseur. Chacun d'eux, ou presque, possède ce dont il a besoin (à l'exception des médicaments).

Alyssa achète de l'eau en bouteilles. Pas parce qu'elle a soif : elle pourrait se désaltérer n'importe où aux États-Unis sans débourser un sou. Ce qu'elle *désire*, c'est la commodité, la tranquillité d'esprit ou la satisfaction que lui procure la bouteille de Fiji qu'elle tient entre les mains. Elle achète de l'eau embouteillée parce qu'elle en a envie et non parce qu'elle en a vraiment besoin.

Si les consommateurs possèdent tout ce dont ils ont besoin, il ne leur reste plus qu'à acheter ce qu'ils désirent. Et s'ils achètent ce qu'ils désirent, c'est *pour se sentir bien.*

La même chose s'applique aux produits qu'on vend aux entreprises. La fameuse supériorité du produit dont on parle dans les milieux du commerce interentreprises n'est qu'un mythe. Les personnes qui achètent des produits pour une entreprise sont avant tout des êtres humains.

Conséquemment, ils pencheront pour les biens ou services leur permettant d'obtenir une promotion, de se sentir en sécurité ou de renforcer leur sentiment d'appartenance. La bataille entre sales-force.com et Siebel le montre très clairement. Même si salesforce.com offre des logiciels à la demande en tous points supérieurs, Siebel continue à vendre avec profit des produits de qualité inférieure à ceux de son concurrent. Ingersoll Rand a acheté les produits de Siebel parce que la direction devait rapidement résoudre une crise et qu'elle n'avait pas le temps d'explorer d'autres possibilités. La raison pour laquelle les acheteurs restent fidèles à Siebel est simple : si vous êtes client de Siebel depuis dix ans, il vous sera plus facile de justifier votre fidélité à cette compagnie quand votre patron vous posera des questions à ce sujet. Ce n'est pas le logiciel que vous achetez, c'est la justification, l'histoire.

Les consommateurs attachent beaucoup d'importance au processus d'achat. Ils se préoccupent de l'emballage, de l'approbation de leurs collègues, des opinions que va susciter l'utilisation d'un nouveau produit au sein de leur entreprise. Ils se préoccupent de la provenance du produit et des conditions de sa fabrication. Une fois l'article acheté, ils s'intéressent sincèrement à sa durabilité, mais ils s'intéressent encore plus aux réactions qu'auront les employés s'il cesse de fonctionner.

Y a-t-il un lien entre la fonctionnalité d'un produit ou d'un service et le sentiment qu'il procure à ceux qui l'utilisent ? Bien évidemment ! Le consommateur forme ses désirs en fonction de ce qu'il a entendu dire sur la fonctionnalité du produit. Il veut aller voir un film parce qu'un critique en a dit du bien. Il veut acheter une Dodge Viper pour bénéficier d'une plus grande puissance d'accélération. Il veut engager un comptable de Deloitte parce que ce cabinet a merveilleusement tiré d'affaire telle compagnie en crise. Les consommateurs ne sont pas à ce point victimes des modes qu'ils négligent la fonctionnalité du produit.

La fonctionnalité du produit est-elle le seul catalyseur des désirs ? Absolument pas ! Et c'est en deux mots pourquoi les idées de ce livre vous seront utiles.

Presque chaque fois que j'assiste à une réunion où des marketeurs se demandent pourquoi leur produit ou leur service ne se vend pas aussi bien qu'ils l'avaient prévu, ils rappellent inlassablement les qualités de l'article : performance, rapidité, durabilité, etc. Obsédés par la fonctionnalité, ils ne comprennent pas pourquoi le marché ne réagit pas conformément à leur microanalyse de la différence entre leur offre et celles de leurs concurrents.

C'est qu'on n'achète pas ce que vous vendez, chers amis.

On achète ce dont on a envie.

Étape 4 : Les histoires nous permettent de nous mentir à nous-mêmes, et nos mensonges nous aident à satisfaire nos désirs. C'est l'histoire, et non le produit ou le service que vous vendez, qui satisfait le consommateur.

Des exemples d'histoires formulées en fonction des visions du monde

Il y a presque autant de visions du monde qu'il y a d'individus. Voici quelques-unes des idées préconçues qui les sous-tendent, accompagnées des histoires créées par des marketeurs intelligents afin d'y « coller ».

« Les repas maison créent une belle ambiance familiale »

Comment un marketeur peut-il s'y prendre pour implanter une marque de supermarché ?

Chaque année, des milliers de nouveaux produits envahissent les supermarchés et essaient tant bien que mal de se trouver une petite place sur les étagères encombrées. Malgré les millions de dollars que les producteurs consacrent à leur promotion, la plupart de ces produits sont d'ennuyeuses imitations de ceux qui les ont précédés et ne valent pas qu'on s'y arrête. C'est un marché impitoyable pour les compagnies qui veulent vendre des produits traditionnels et sans surprises.

Pour se démarquer de sa horde de concurrents, Banquet a décidé de raconter une histoire. La compagnie a ciblé un public dont la vision du monde collait au produit qu'elle voulait promouvoir. Ce public, ce sont les millions d'Américaines et d'Américains qui se sentent coupables de ne plus cuisiner pour leur famille. Dès leur enfance, on leur a inculqué l'idée que les repas maison sont synonymes d'amour, de chaleur familiale et de santé. Mais le monde moderne ne leur laisse ni le temps ni l'énergie de préparer eux-mêmes de tels repas.

La plupart de ces consommateurs possèdent des *crock pots*, ces mijoteuses dont on se sert pour faire principalement des soupes et des ragoûts. John Hanson, de Banquet, a lancé ce qu'il a appelé les Crock Pot Classics. « Les Crock Pot Classics, dit-il, contiennent tous les ingrédients de haute qualité que l'on trouve dans les petits plats mijotés : viande tendre, légumes frais, pommes de terre de nos fermes et sauces assaisonnées à la perfection. Ils prennent moins de cinq minutes à préparer. Quand, à la fin d'une longue journée, votre famille rentre à la maison, elle sera accueillie par l'arôme irremplaçable d'un plat mitonné pendant des heures. »

Si le marketeur de Banquet avait voulu être plus précis, il aurait pu dire : « Voici un mélange d'aliments de toutes sortes, conservé grâce à l'addition de produits chimiques et à la congélation. Jetez-le dans une casserole, remuez, et vous obtiendrez un plat que vous auriez pu tout aussi bien acheter précuit, congelé et prêt à être réchauffé au micro-ondes ».

ConAgra, qui commercialise les produits Banquet, a visé juste. Les ventes réalisées sur un marché-test étaient 250 fois plus élevées que la moyenne. Voilà des produits qui se vendront beaucoup, qui rapporteront beaucoup et qui dureront longtemps.

Bien entendu, ConAgra s'est abstenue de dire toute la vérité quand elle a prétendu qu'il n'y avait pas de différence entre une préparation jetée dans une mijoteuse et un repas à emporter acheté au restaurant du coin. La différence, la voici : les Crock Pot Classics contiennent « du mononitrate de thiamine, de l'amidon modifié à usage alimentaire, de l'extrait de levure, du sel, des protéines de soja hydrolysées, du sucre, du glutamate monosodique, du propane-1,2-diol, du caramel, de l'inosinate de sodium, du guanylate de sodium, de la lécithine de soja, du chablis de Californie salé, du sirop de maïs à haute teneur en fructose, des anchois, des protéines de maïs et un émulsifiant ».

Aucune importance. Ce qui compte, c'est le mensonge dont se persuade le consommateur. C'est l'arôme qui imprègne la maison quand toute la famille rentre au foyer. C'est la vaisselle qu'on fait au lieu de jeter à la poubelle des plats en plastique. C'est le sentiment qu'éprouve la maîtresse de maison quand elle voit ses enfants et son mari s'asseoir autour d'une table et manger ensemble.

Si ConAgra a réussi à se faire entendre, c'est qu'elle n'a pas essayé de créer un produit pour tout le monde. C'est aussi parce qu'elle a raconté une histoire plutôt que de relater des faits.

« Quand j'achète de la lingerie, je me sens belle »

L'une de mes bonnes amies projette d'ouvrir une petite boutique de lingerie pour femmes aisées. Les conversations que nous avons eues à propos de son projet s'inscrivent tout à fait dans cette réflexion sur les histoires et les mensonges.

Il y a quelques années, la future propriétaire d'une boutique se serait d'abord intéressée aux points de vente et aux stocks. Elle aurait évalué les rentrées de fonds mensuelles et les frais de loyer, puis elle aurait choisi l'emplacement le plus adéquat pour sa boutique.

Ces préoccupations datent de l'époque du marché des produits de base. Les détaillants avaient alors la naïveté de croire que s'ils offraient un bon produit au bon prix et au bon endroit et qu'ils parvenaient à contenir leurs dépenses, ils se tireraient d'affaire.

Aujourd'hui, les enjeux sont totalement différents. Il suffit de cliquer sur une souris pour accéder à l'univers de la lingerie. On peut acheter en ligne des articles de toutes sortes et de tous pays au plus bas prix et les commander en cinq secondes. Si vous pensez ouvrir un magasin de détail traditionnel, vous avez tout intérêt à viser plus que la satisfaction d'un besoin.

Voici donc les questions que mon amie et moi nous sommes posées à propos de sa boutique. Quelle sera l'histoire ? Que retireront les clientes de leur visite au magasin ? Qui les accueillera quand elles y entreront ? Servira-t-on des tisanes ou du café à la clientèle ? Quels articles choisir par rapport à ceux des autres boutiques ?

Si une cliente sort du magasin de meilleure humeur qu'elle ne l'était en y entrant, on peut dire que mon amie aura réussi à raconter une histoire. La cliente se sera convaincue d'un mensonge – celui selon lequel quelques centimètres de tissu peuvent la rendre attirante, peut-être – et en se propageant, ce mensonge procurera à mon amie une clientèle fidèle (et lucrative).

La croissance commence par les bonnes questions. Des questions sur l'histoire à raconter et non sur les marchandises à vendre.

« Je ne crois pas ce que disent les marketeurs »

Il y a une immense cohorte de consommateurs qui se rallient au point de vue que tous les marketeurs sont des menteurs éhontés. Dommage pour vous si vous pratiquez cette profession : quoi que vous disiez, les gens ne vous croiront pas. Si vous vous vantez d'offrir un meilleur service que vos concurrents, ils hausseront les épaules. Si vous affirmez offrir les meilleurs prix ou avoir obtenu les meilleurs scores auprès des participants d'un sondage, ils vous tourneront le dos.

Il faut être plus subtil.

Si vous leur racontez une histoire plus subtile, plus intéressante et plus crédible, les gens décideront peut-être de vous accorder leur attention. Et dès que ce sera fait, la balle sera dans votre camp. Si vous offrez effectivement un meilleur service que vos concurrents, tant mieux ! Vous donnez ainsi à votre auditoire un outil de persuasion dont ils se serviront pour faire circuler votre histoire, fondée sur le service.

Vous ne pouvez pas vous contenter de fabriquer une histoire puis de croiser les bras. Vous ne pouvez pas vous attendre à ce qu'on la croie simplement parce que c'est ce que vous souhaitez.

Les consommateurs sont trop intelligents pour se laisser convaincre aussi facilement.

Vous ne pouvez pas affirmer que votre compagnie d'assurance verse les indemnités les plus alléchantes et vous attendre à toucher immédiatement une corde sensible chez les consommateurs. Vous ne pouvez pas proclamer que votre magasin est aussi beau qu'accueillant et vous attendre aussitôt à voir affluer des clients à votre porte.

C'est là une dure leçon pour de très nombreux marketeurs. Il est facile de vanter les caractéristiques d'un produit, d'insister sur ses avantages et de démontrer que vous proposez effectivement la meilleure solution à un problème. Mais la preuve ne fait pas la vente. Vous y croyez, *vous*, mais votre public n'y croit pas. Le fait même que vous appuyiez vos dires les rend suspects. Si le consommateur entrevoit ou découvre une solution par lui-même, il sera infiniment plus porté à s'y intéresser que si vous l'accablez de preuves.

C'est là qu'intervient l'art du marketing. Dans la plupart des cas, la publicité aérienne, les panneaux d'affichage ou le télémarketing sont les pires moyens de transmettre un message sur un produit ou un service. Non parce qu'on ne les remarquera pas (on les remarquera fort probablement), mais parce qu'on n'y croira pas.

Afin qu'on vous croie, vous devez vous signaler par un changement assez important pour que les consommateurs le remarquent. Mais il vous faut raconter une histoire, et non faire un exposé. Vous devez laisser entrevoir les faits plutôt que d'en faire l'annonce. Vous ne vendrez jamais un produit à force de preuves. Vous le vendrez quand le consommateur fera lui-même (et pour lui-même) la preuve que son choix est le bon.

C'est qu'il en apprend plus en *découvrant* la bonne réponse qu'en se la laissant dicter. Il n'y a pas de bonne réponse, d'ailleurs, et vous le savez bien. Et quand bien même il y en aurait une, le consommateur ne vous croirait pas.

« Les sushis sont meilleurs quand le chef est japonais »

Quelle sera votre réaction quand vous apprendrez, comme c'est effectivement le cas, que les bières Beck's Light et St. Pauli Girl proviennent de la même chaîne de fabrication ? Pourquoi un repas de sushis chez Masa (qui coûte 300 $ par personne) est-il tellement meilleur qu'un repas semblable offert pour 40 $ au restaurant du coin ? Serait-ce le magnifique comptoir en bois que le personnel ponce après chaque souper ou les petits soins que vous prodigue un chef cuisinier exceptionnellement doué ?

Les attentes sont les moteurs de nos perceptions. Or, les histoires complexes charrient toutes sortes de perceptions. Le magasin où le consommateur décide de faire ses achats, la manière dont se déroulent les transactions, le bruit ambiant, la musique de fond, l'éclairage : tous ces éléments ont au moins autant d'importance que l'article acheté.

Ralph Lauren doit une énorme partie de son chiffre d'affaires aux articles de second choix et aux petites séries qu'il vend dans ses nombreux magasins d'usine Polo. Ces « entrepôts » sont si nombreux (et la demande est si forte) qu'on ne peut pas seulement y vendre des articles en solde. En réalité, une grande partie des vêtements qu'on trouve chez Polo ne sont pas du tout des articles de second choix, mais des habits conçus et confectionnés pour les entrepôts. Persuadés qu'ils vont faire une bonne affaire, les consommateurs roulent avec impatience pendant des heures (même s'ils sont en vacances !) pour se rendre dans un entrepôt où ils débourseront 40 $ pour acheter une veste de 400 $ que la compagnie n'avait pas du tout l'intention de vendre 400 $ et dont la fabrication ne coûte probablement guère plus de 4 $.

« J'aime les livres de Seth Godin »

Ce n'est pas moi qui ai écrit ce livre.

C'est vrai : Seth Godin n'est pas l'auteur de ce livre. C'est moi, Mo Samuels, pigiste de mon métier, qui en suis l'auteur. Qui plus est, Godin m'a engagé pour rédiger son livre en ne me laissant en tout et pour tout qu'une ébauche de trois pages !

Est-ce que ça vous ennuie ? Les arguments présentés ici vous semblent-ils encore probants ? Ce livre est-il moins valable parce que Seth Godin m'a versé 10 000 $ et qu'il a gardé le reste des avances pour lui ?

Que vous importe de savoir qui a écrit ce livre ? Après tout, ce sont les mêmes mots que vous allez y trouver. Et pourtant, je mettrais ma main au feu que vous n'aimez pas du tout l'idée que l'illustre inconnu que je suis ait rédigé ce livre à la place du type dont on lit le nom sur la couverture, je suis même certain que vous êtes furieux.

À ce point de l'histoire, vous avez sûrement compris que Mo Samuels n'existe pas et que je me moquais de vous. Chaque mot de cet ouvrage est de moi, Seth Godin. Pardonnez-moi de vous avoir fait marcher, mais je voulais attirer votre attention sur un point. L'une des raisons pour lesquelles les idées exprimées dans mes livres se propagent, c'est que mes lecteurs s'y attendent. Ils attendent de moi des livres distrayants, utiles et un peu irrévérencieux. S'ils apprennent qu'un de mes ouvrages a été rédigé par quelqu'un dont ils n'ont jamais entendu parler, l'histoire n'est plus du tout la même, avouez-le.

Les idées n'auront pas changé, mais le mensonge sera différent. Différent, mais au moins aussi important que les idées elles-mêmes.

« J'aime flouer le système »

Dans les années 80, une poignée d'entrepreneurs imaginatifs ont monté une affaire en or. Ils ont acheté des haut-parleurs de marque connue à prix très réduit (des modèles de l'année précédente) et les ont chargés dans une camionnette.

Ils ont ensuite stationné ce véhicule à proximité d'une résidence universitaire de Harvard et se sont mis à accoster les étudiants en murmurant des phrases du genre : « Vous voulez acheter des haut-parleurs pas chers ? ». Bien sûr, ils n'affirmaient pas que les haut-parleurs étaient volés, mais la chose semblait évidente. Des étudiants de Harvard n'auraient jamais dû s'y laisser prendre. Mais ils l'ont fait, évidemment. Par centaines.

Les entrepreneurs ont écoulé leurs haut-parleurs (soi-disant volés) en un éclair. L'histoire que les étudiants se racontaient donnait à leur achat un caractère irrésistible, même s'ils auraient pu faire une meilleure affaire chez Tweeter, le magasin d'électronique situé à quelques pas de la résidence universitaire.

Tweeter avait investi des sommes considérables dans sa publicité et ses locaux commerciaux. Nos entrepreneurs se sont contentés de faire germer une histoire dans la tête des étudiants. Qui s'en est tiré le mieux, d'après vous ?

« Amazon offre le meilleur service à la clientèle »

Pourquoi, d'après l'indice de satisfaction des consommateurs américains, Amazon obtient-elle invariablement les cotes les plus élevées ? (Très fiable, cet indice reflète les opinions que les consommateurs se font des entreprises avec lesquelles ils font affaire.)

Parce que les clients d'Amazon s'attendent à ce qu'elle les obtienne. Ils s'attendent à ce que le service de la compagnie soit impeccable (parce qu'il l'a toujours été) et lui donnent à l'avance le bénéfice du doute. Ils se souviennent de leurs bonnes expériences d'achat parce qu'elles collent à leur vision du monde et oublient les mauvaises expériences (qui ne sauraient être que de négligeables accidents de parcours).

Amazon s'est débattue comme presque aucune autre compagnie ne l'avait encore fait pour offrir un service sans failles à la clientèle. Et elle a à ce point dépassé les attentes de chacun que ses clients se sont fait une opinion définitive à son sujet. Résultat : il n'en est devenu que plus facile, et non plus difficile, pour Amazon de conserver l'extraordinaire réputation qu'elle a si durement acquise. On y croit parce qu'on veut y croire.

« Bio, c'est mieux »

Acheter bio, c'est vivre bio. Le marché des produits biologiques est le segment de l'industrie alimentaire qui connaît la croissance la plus rapide. De plus, il touche non seulement les aliments, mais aussi les cosmétiques, les vêtements et divers autres biens de consommation.

La semaine dernière, j'attendais mon tour à la caisse d'un supermarché. En jetant un coup d'œil sur ce qu'avait acheté la cliente qui se trouvait devant moi, je n'ai pas pu m'empêcher de sourire. Elle et moi nous ressemblions beaucoup, même si nous n'avions pas du tout choisi les mêmes articles.

Mon panier contenait de l'huile d'olive biologique, des tomates biologiques, du tofu biologique, du chocolat Scharffen Berger et des haricots blancs français emballés sous vide. Le sien contenait deux repas biologiques Amy's congelés, des poitrines de poulet sans hormones et deux sacs d'amuse-gueule au fromage Pirate's Booty. Il y avait aussi dans son panier une bouteille de shampoing et un tube de dentifrice biologiques.

Nous avions tous deux gobé la même histoire. Nous nous étions tous deux raconté le même mensonge complexe sur l'alimentation, l'environnement et la santé de notre famille.

Les aliments bios ont-ils meilleur goût que les aliments non bios cultivés avec autant de soin ? Pas vraiment.

Sont-ils meilleurs pour notre santé ? La chose reste à prouver. L'air ambiant de New York et de ses environs injecte tellement de polluants dans notre organisme que la question devient plus ou moins théorique.

Il semble que courir une demi-heure en bordure d'une des autoroutes de cette ville soit aussi nocif que de fumer plusieurs cigarettes.

L'achat de produits bios est-il un moyen efficace de soutenir les familles d'agriculteurs qui respectent la terre et la nature ? Non, à moins qu'on ne se procure directement ces produits chez eux. Le marché bio profite bien plus aux marketeurs et aux industriels qu'aux agriculteurs qui s'efforcent consciencieusement de cultiver des aliments biologiques.

Alors ?

La consommation de ces aliments comble le désir qu'ont certains de prendre soin de leur famille, de leur corps et de la planète, de faire ce qu'ils peuvent pour ne pas bouleverser l'équilibre de la nature. C'est le moyen qu'ont choisi certains Américains pour se libérer de la culpabilité d'être les consommateurs les plus négligents du monde.

Mais les gens n'achètent pas tous des aliments biologiques. Nombre d'entre eux ont un point de vue diamétralement opposé sur ces aliments. Cela n'empêche pas que le bio soit une histoire fabuleuse. Le succès inouï de la chaîne de supermarchés Whole Foods Market s'est bâti presque exclusivement sur cette histoire.

Whole Foods vend des tonnes de chips, de friandises, de graisses saturées, de jus dégoulinant de sucre et d'autres produits tout aussi malsains. À prix fort. Mais ce n'est pas grave. Ce n'est pas grave parce que les clients ne vont pas dans ces supermarchés pour acheter des aliments. Ils y vont pour acheter un état d'esprit. Nous tirons tous un sentiment de satisfaction du fait que nous croyons faire ce qu'il faut.

Les gens n'aiment pas qu'on leur donne trop de détails sur les aliments qu'ils consomment. Ils ne veulent pas savoir comment on a abattu le bœuf dont quelques restes se retrouvent dans votre assiette, combien d'essence il a fallu pour transporter des raisins de la vigne jusqu'à l'épicerie ni quels effets dévastateurs les gras qu'ils ingurgitent auront sur leurs artères. Ce qu'ils veulent, c'est une histoire, un mensonge dont ils pourront se convaincre, eux et leurs proches.

Est-ce que j'aimerais que tout le monde achète des produits biologiques ? Est-ce que je voudrais que les effets secondaires de la pollution souterraine soient éliminés ? Est-ce que je souhaite que les aliments que nous ingérons aient plus de goût et de valeur nutritive ? Bien entendu. Mais la question n'est pas là. La question, c'est que les aliments bios se vendent (et très bien, quand on sait que les magasins de produits biologiques enregistrent une croissance trois fois supérieure à celle des magasins traditionnels) parce qu'ils procurent un certain état d'esprit aux consommateurs et non parce qu'ils changent vraiment quelque chose.

Voilà pourquoi Michael (le charmant fermier du marché Hastings Farmers) me vend ses épinards bios 22 $ le kilo. Ça me fait du bien de croire son histoire.

Le bluff et la fraude

L'histoire des haut-parleurs « volés » vous a mis mal à l'aise ? Ce genre de procédé vous semble un peu douteux ? Faire croire aux gens que des produits sont volés pour mieux leur vendre n'est peut-être pas très honnête, en effet.

Mais alors, il serait tout aussi malhonnête de vendre à 90 $ un câble stéréo qui, selon un test aveugle, produirait le même son qu'un câble de 12 $.

Les consommateurs (et les marketeurs !) sont convaincus au plus profond d'eux-mêmes que la performance d'un produit ou d'un service doit être le seul critère d'achat. On nous a appris qu'il fallait fabriquer des produits fonctionnels et non vendre des histoires, même si elles sont pourtant tout aussi nécessaires. On nous a ressassé que nos clients potentiels doivent investir leur argent durement gagné dans des produits utiles et rentables et non dans des articles frivoles qui créent très peu de valeur.

C'est ce que nous aimons vraiment nous faire croire, alors même que nous achetons des t-shirts de couturier à des prix faramineux, que nous déjeunons dans des restaurants à la mode affreusement chers et que nous séjournons dans des hôtels luxueux durant nos voyages d'affaires. Comment donner une explication rationnelle à ce comportement ?

L'attitude désagréable d'un agent de bord a plus d'impact psychologique sur les passagers que l'avion qui arrive à destination dix minutes à l'avance. L'enthousiasme que suscite l'installation de nouveaux robots dans une usine est tout aussi important que les fonctions que remplissent ces robots. En d'autres termes, les croyances irrationnelles ne sont pas des à-côtés, mais des éléments intrinsèques de la qualité du produit.

Ce qui nous amène à parler du bluff et de la fraude… Georg Riedel est un bluffeur, un menteur honnête. Honnête parce que son affirmation (ses verres rendent le vin meilleur) est fausse, mais que l'acte même de croire ce mensonge en fait une vérité. Le vin a meilleur goût tout simplement parce que les consommateurs en sont convaincus.

L'histoire est fonctionnelle parce qu'elle améliore concrètement le produit ou le service.

Il est assez facile de reconnaître un bluff. Les bluffs sont les mensonges qui donnent à une histoire sa vérité. Si vous pensez que l'automatisation de votre usine vous permettra de faire des économies, vous serez effectivement plus susceptible d'en faire. Si vous croyez qu'un politicien comprend vos besoins, vous serez effectivement fort disposé à lui donner le pouvoir de changer la situation à votre profit. Si vous croyez que le cours d'une action va monter et que vous en parlez à vos amis, vous aurez effectivement plus de chances de le faire grimper.

Les fraudes sont plus retorses – et plus dangereuses. Ce sont des affirmations dont l'histoire, une fois révélée, provoque la colère du consommateur qui y croyait. Ce sont des trahisons. Ce sont des histoires dont le marketeur est le seul à tirer profit. C'est le marketing à effets secondaires.

Bonjour ! C'est Dave !

La compagnie Lennox fabrique des appareils de chauffage et des filtres à air. Fondée il y a un peu plus d'un siècle, elle a tout de la bonne vieille entreprise familiale. Ses annonces publicitaires et ses messages électroniques sont présentés par le président de la compagnie en personne, M. Dave Lennox. Tout le monde peut entendre sa voix chaleureuse et accueillante en composant le 1 800 4 LENNOX.

« Bonjour ! C'est Dave ! »

Dave adore les points d'exclamation.

L'histoire de Dave Lennox est séduisante. Dans un monde de multinationales sans visage, une entreprise familiale où le propriétaire (qui est aussi le petit-fils du fondateur) prend la peine de répondre lui-même au téléphone réchauffe le cœur.

En installant son appareil de chauffage, le client éprouve le sentiment réconfortant d'avoir fait un bon achat. Il se sent rassuré du simple fait qu'une personne en chair et en os a garanti ce produit important, qui n'en acquiert que plus de valeur.

Jusqu'au jour où l'appareil tombe en panne. Et que le consommateur décroche le téléphone pour appeler Dave Lennox.

J'ai découvert il y a quelque temps que Dave Lennox est mort en 1947 et que l'autre Dave Lennox est un comédien. Que le « vrai » Dave Lennox n'existe pas. Je me suis senti dupé. Vous l'auriez été aussi, non ?

Le problème n'est pas le mensonge auquel j'ai cru. Sans lui, j'aurai éprouvé peu de plaisir à faire mon achat. Le problème, c'est que l'histoire n'est pas authentique. Le problème, c'est que la compagnie ne tient pas ses promesses. Quand on parvient à obtenir quelqu'un de chez Lennox au bout du fil, on se rend bien compte qu'il n'y a pas plus de Dave qu'il n'y a de petit-fils de fondateur.

Un bluff est une histoire qui améliore le produit. Bluffer, c'est décrire un produit (dans des termes identiques à ceux qu'utilisent les êtres humains pour décrire un objet) dans le but de le rendre réellement plus efficace et plus agréable. Personne ne s'offusque vraiment d'un bluff. Si vos clients découvrent que votre histoire n'est pas fondée sur des faits, ils ne deviendront pas furieux pour autant.

En revanche, une fraude est une histoire qui ne se base sur rien, ou presque rien. C'est une histoire que le marketeur raconte avant tout dans son seul intérêt et pour son seul profit. Une fois découverte (et elle l'est tôt ou tard), elle suscite chez le consommateur une colère qui durera sans doute jusqu'à la fin de ses jours.

Les bluffs sont vrais

Une Mercedes est-elle vraiment quinze fois supérieure à une Toyota ? Après tout, ces deux voitures parcourent la même distance en à peu près le même temps. La Toyota consomme peut-être un peu moins d'essence que l'autre, et la Mercedes est, disons, deux fois plus confortable que le modèle japonais. Mais de là à dire que l'une est quinze fois supérieure à l'autre… En quoi, au juste ?

Tout dépend du point de vue.

Quand un acheteur potentiel entend le bruit d'une portière de Mercedes qui se referme, il écoute une histoire. Une histoire de solidité, de minutie, de sécurité et de performance. Il n'aura pas la même expérience avec une Corolla. Que vaut l'histoire de la Mercedes ? Que dit-elle au consommateur du marketeur, de la marque et de la façon dont chacun choisit de dépenser son argent ?

Mercedes consacre la quasi-totalité des revenus supplémentaires que lui rapportent ses voitures de luxe à la narration d'histoires que les consommateurs aiment, croient et partagent. Ces histoires, ce sont celles d'un équipement audio inimitable, de la sensation éprouvée quand on appuie sur l'accélérateur ou du mécanisme ingénieux d'un essuie-glace.

Mercedes s'impose parce qu'elle reste authentique dans sa quête d'une voiture dont tout le monde parle. Si Cadillac s'est effondrée, c'est parce qu'elle a cessé de croire à sa propre histoire et qu'elle lui a préféré la course aux profits. Cadillac est passée du bluff à la fraude parce qu'elle s'est servie de sa marque et de son patrimoine pour inciter des consommateurs à acheter des voitures qui les ont déçus. Il lui a fallu des dizaines d'années pour redresser cette erreur commise au nom d'intérêts égoïstes.

Les fraudes sont factices

Il y a plusieurs dizaines d'années, lorsque Nestlé a été indirectement responsable (selon l'Unicef) de la mort de plus d'un million de nourrissons, l'entreprise aurait dû savoir qu'elle racontait une histoire mensongère…

en espérant que des mères de famille y croient assez pour qu'elles finissent par acheter et utiliser un produit qui, en fait, allait entraîner des conséquences néfastes sur leur vie.

Dans les pays en développement, les femmes croient généralement que l'allaitement est le moyen le plus sain de nourrir leur bébé. Comme Nestlé ne peut tirer aucun profit de l'allaitement, elle a déployé la puissante machine du marketing pour faire circuler une idée ; l'alimentation au biberon est meilleure pour les nourrissons.

Nestlé a raconté cette histoire avec beaucoup de soin. Elle a d'abord choisi un argument simple qui concordait avec la vision du monde d'un très grand nombre de mères dans les pays en développement : les technologies occidentales améliorent la santé des nourrissons. Convaincues par cette histoire, de nombreuses femmes ont cessé d'allaiter leur bébé et lui ont donné du lait en poudre Nestlé (que la société a pris soin de distribuer gratuitement à titre d'essai).

Si Nestlé avait raconté une histoire authentique (en s'adressant, par exemple, aux mères porteuses du VIH ou à celles ne pouvant allaiter normalement), elle aurait créé un marché durable. Ce marché aurait certes été plus modeste, mais il aurait survécu à la critique et se serait développé naturellement. En deux mots, il aurait rempli les conditions de son mandat, qui était d'améliorer la vie des consommatrices.

Mais l'histoire qu'a racontée Nestlé n'a rien amélioré du tout. L'aura positive de la technologie occidentale dont elle s'est servie pour cadrer son histoire n'a absolument rien fait pour sauver la vie de nourrissons qui auraient dû en tout premier lieu être allaités.

Ce n'était pas le genre d'histoire qui aide les consommateurs à se mentir pour améliorer leur expérience d'achat et qui procure une satisfaction durable. C'était une fiction qui jouait sur les croyances de certains d'entre eux pour les amener à accomplir des gestes qu'ils allaient regretter.

Comme les familles n'avaient pas les moyens d'acheter la formule Nestlé en quantité suffisante, elles la diluaient fréquemment avec de l'eau non potable, ce qui rendait malades (et tuait) de nombreux bébés.

Étant donné que l'histoire racontée par Nestlé était inexacte, qu'elle était même contraire à la réalité des femmes auxquelles elle s'adressait, le mensonge dont les consommatrices s'étaient convaincues a eu des effets dévastateurs. Le marketing exerce aujourd'hui un tel pouvoir que l'argument du *caveat emptor* (« que l'acheteur prenne garde ») n'a plus aucune légitimité. Nestlé a tiré d'amères leçons de cette expérience et s'est par la suite rétractée, mais son histoire a une valeur symbolique pour tous les marketeurs. Ce n'est pas parce que des consommateurs sont susceptibles de croire votre histoire que vous avez forcément le droit de la leur raconter !

Nestlé aurait-elle pu conter cette histoire sans la participation active des personnes auxquelles elle s'adressait ? Non, bien sûr. Ce message ne pouvait pas avoir d'écho chez les consommatrices si celles-ci n'avaient pas déjà eu une vision du monde qui les disposait à l'accepter. Les consommatrices étaient complices, mais cela n'excuse rien.

Les marketeurs ont tort de prétendre qu'ils ne font que « proposer des solutions » et que, au bout du compte, ce sont « les consommateurs qui décident ». Le marketing est aujourd'hui si complexe et si ancré dans notre culture que les consommateurs ne prennent plus leurs décisions à partir d'une analyse rationnelle des faits. Ils les prennent à partir des histoires qu'ils écoutent. Se décharger de la responsabilité d'une fraude n'est rien d'autre que de la lâcheté.

Je ne sais pas si vous vous en rendez compte mais…

Je suis furieux

Je suis furieux de voir des bébés mourir sous mes yeux par la faute de marketeurs fourbes et trompeurs. Je suis dégoûté de voir des politiciens, des compagnies et même des chercheurs d'emploi devenir experts dans l'art de raconter des histoires qui poussent les gens à faire des choses qu'ils regretteront. Je suis profondément déçu de voir que le marketing, qui pourrait être utilisé pour faire tant de bien, est si souvent détourné à des fins égoïstes.

Je ne fais pas seulement allusion aux irrégularités évidentes que dénoncent des émissions comme *60 Minutes.* Je pense à la dérive plus généralisée qu'a commencée à prendre le marketing. Celui-ci s'aventure sur un terrain glissant qui est plus insidieux encore que l'irresponsabilité : la non-responsabilité. On trouve normal de vendre de faux bracelets LiveStrong au nom de la libre concurrence. On trouve normal de truquer un CV ou de contourner une politique de confidentialité sous prétexte qu'on doit atteindre des objectifs trimestriels.

L'excuse qu'on se donne, c'est que « tout le monde le fait ». Ce n'est certainement pas ce genre d'attitude qui mettra un frein à cette tendance déplorable.

Elle ne fera que l'exacerber. Tant que les marketeurs n'assumeront pas la responsabilité des histoires qu'ils racontent et des promesses qu'ils font, les consommateurs seront de plus en plus méfiants et de plus en plus sceptiques et le marketing y laissera des plumes.

Bonne nouvelle toutefois : même si le marketing est infiniment plus puissant qu'il ne l'était, il devient de plus en plus difficile de s'en sortir à bon compte avec une histoire frauduleuse. Des millions d'observateurs dissèquent les réactions des consommateurs à vos histoires sur Internet. Google a l'œil sur vous. Il est désormais pratiquement impossible de donner à une histoire tortueuse l'apparence d'une narration limpide. La seule stratégie robuste et prévisible, c'est d'être authentique. De tenir ses promesses. De croire au mensonge que vous répandez, de s'y abandonner sans réserve, de l'incarner, de le vivre.

Tenir ses promesses

Les marketeurs frauduleux misent sur l'incapacité des consommateurs à distinguer le bluff de la fraude. Ils suscitent l'intérêt d'une clientèle mais la laisse tomber par la suite.

En écrivant ce livre, je sais que je risque d'encourager, voire d'enhardir les colporteurs d'histoires trompeuses. Les marketeurs égoïstes qui veulent récolter rapidement de l'argent ne vont-ils pas parvenir à leurs fins encore plus facilement en misant sur la stratégie de la fraude ? Fort heureusement, ces individus sont minoritaires. De plus, dès que les consommateurs seront aptes à mesurer les effets qu'ont les histoires sur eux, ils seront beaucoup mieux placés pour croire les bonnes histoires et rejeter celles qui ne le sont pas.

Les mensonges peu crédibles ont la vie courte

Si vous contez votre histoire en comptant sur des miracles venus de nulle part, vous ne la vivrez jamais. Les verres à vin de Georg Riedel n'auraient jamais eu autant de succès si l'ensemble de son entreprise n'avait pas cru au mensonge dont se convainquaient les consommateurs. De même, les marchands de monnaie conservent quelques pièces de leur propre collection numismatique à titre d'investissement. Enfin, quand la bulle des télécommunications s'est dégonflée, George Gilder, l'homme dont les prévisions sur l'évolution des technologies lui avaient valu d'entrer dans la légende, a perdu autant d'argent que la majorité de ses lecteurs.

Oui, il vous faut une histoire. Non, elle ne peut pas être inauthentique.

Comment distinguer ce qui est honnête de ce qui est douteuX

Tout est dans l'œil de celui qui voit, dit-on. Ce n'est pas à moi, au pape ou aux spécialistes de l'éthique d'en juger. Votre histoire échoue quand la personne qui y croyait décide qu'elle échouera.

Nous savons tous que la magie n'a rien de magique. Quand nous saisissons une des techniques de cet art, nous n'en sommes guère scandalisés. Nous savons aussi qu'un maquillage ne rajeunit pas vraiment les femmes de vingt ans et que la cuisine de notre restaurant préféré n'est pas aussi propre que la nôtre. Mais nous passons outre. Nous acceptons ces mensonges parce que nous en tirons profit, tout comme le narrateur tire profit du mensonge auquel nous croyons.

Mais que dire lorsque nous apprenons que le jus de pomme Beech-Nut pour tout-petits est systématiquement dilué ? Que dire quand nous nous apercevons qu'un auteur comme Robert Allen donne dans le pollupostage pour se faire quelques dollars de plus ? Quand nous décelons une fraude, nous nous sentons affreusement stupides. Notre compte en banque n'est pas le seul à souffrir : notre ego est lui aussi blessé. Il devient alors pratiquement impossible au marketeur de regagner notre confiance.

La vérité et la beauté

De ce que vous avez lu jusqu'à présent, avez-vous conclu qu'il ne faut plus se préoccuper de la qualité ? Que vous devez ignorer l'essence de votre produit, son fonctionnement, sa mise au point et son utilité à la seule fin de raconter une histoire ?

Depuis dix ans, j'insiste dans mes écrits sur le respect avec lequel nous devons traiter le consommateur. J'ai également accordé beaucoup d'importance à la transparence ainsi qu'à la création de produits et de services novateurs. Et vous pensez que, d'un seul coup, je vais vous suggérer de jeter tout cela à la poubelle et de vous rabattre sur le plus petit dénominateur commun ?

Non, résolument non.

La morale paie. Les conteurs d'histoires qui piègent les consommateurs se font piéger à leur tour. Les marketeurs incohérents finissent tôt ou tard par être punis. Wonder Bread a fait faillite parce que les Américains se sont aperçus un jour que leur consommation effrénée de pain blanc et de Twinkies était en train de les tuer. Ayant promis monts et merveilles, d'innombrables compagnies d'informatique ont disparu sans laisser de traces. Et les entreprises qui se sont enrichies au détriment de la qualité ont tristement été liquidées.

Tout cela, je l'ai dit clairement dans *La vache pourpre* et je le répète ici : si vous voulez prendre de l'expansion, créez un produit ou un service dont il vaut la peine de parler. Oubliez les modes et les pubs. Créez le produit. Si votre idée est bonne, elle se propagera.

Les gens exigent que vous leur racontiez une histoire. Celle-ci fait partie intégrante du produit ou du service qu'ils achètent et elle est même, dans de nombreux cas, le seul objet de leur achat. Mais à la base de l'histoire, il y a le produit, le vrai produit, l'essence de votre projet. Si la base est pourrie, votre projet marchera peut-être pendant quelque temps, mais il finira inévitablement par s'écrouler.

L'avantage est clair : le marketing authentique entre êtres humains est extrêmement efficace. Le jeu n'est plus du tout le même quand on raconte une histoire avec authenticité et qu'on crée un produit ou un service qui tient ses promesses. Le marketeur et le consommateur en sortent tous deux gagnants. Qualité et authenticité de l'histoire, minimisation des effets secondaires : tels sont les ingrédients assurant la durabilité d'une marque (ou d'une entreprise).

La cigarette préférée des médecins

Philip Morris a tué des millions de personnes en commercialisant un produit qui créait une dépendance extraordinaire. Beech-Nut a menti à la population en ajoutant de l'eau à son jus de pomme. McDonald's a accoutumé des millions de consommateurs à un mode d'alimentation qui génère une énorme quantité de déchets, tant sur les plans de la production que des emballages utilisés. Tous ces produits ne faisaient que raconter une histoire, c'est vrai. Mais un marketing qui ne fait que reprendre à son compte les mensonges des consommateurs ne peut qu'être délétère.

Tout revient à l'authenticité. L'essentiel est de raconter une histoire qui ne décevra personne, qui ne perturbera personne, une histoire que vous croyez vous-même.

Le problème, ce n'est pas le marketing, qui n'est qu'un outil. Le problème, ce sont les gens. Ce sont les gens rapaces et égoïstes n'ayant que des visées à court terme. Mais les marketeurs ne sont pas les seuls en cause. Les consommateurs ont eux aussi leur part de responsabilité. En refusant de s'interroger sur les effets secondaires d'un produit et en se bornant à acheter une histoire, ils ne se comportent pas en adultes responsables. Ils agissent comme de simples pions. Il reste que je suis incapable de voir des professionnels abuser de leurs techniques avancées et troquer la santé de populations entières contre une poignée de dollars sans me sentir un peu honteux d'être moi-même un marketeur.

Pourquoi les femmes raffinées détestent les minifourgonnettes

Ma femme se refuse absolument à conduire une minifourgonnette. Notre voisine, journaliste au *New York Times*, en a elle aussi horreur.

Pourquoi faire tant de manières ? Ce n'est qu'une voiture, après tout, pas la revendication d'un mode de vie. C'est un simple moyen de transport, pas une façon de se mettre en valeur ou de divulguer ses habitudes de consommation. Et pourtant, bien qu'il constitue l'une des plus grandes dépenses qu'on puisse faire au cours de sa vie, l'achat d'une auto est très rarement motivé par des raisons logiques.

Toute voiture raconte une histoire. Celle des minifourgonnettes est particulièrement limpide. Il importe peu que ces véhicules soient durables, économiques, relativement peu énergivores et infiniment plus confortables que les 4x4. Ce qui compte surtout, ce sont les réactions qu'ils provoquent chez les consommateurs. Les arguments en faveur de l'utilité de la minifougonnette sont démolis par son histoire (un véhicule de ce genre ne sert qu'aux femmes obligées de faire le taxi pour leurs enfants à longueur de journée). Et c'est pour éviter d'être les protagonistes de cette triste histoire que les consommateurs dépenseront des centaines de milliers de dollars au cours de leur vie, remplaçant une auto par une autre.

Mais au lieu d'acheter un véhicule commode et avantageux, nombre d'entre eux opteront pour un 4x4. L'histoire l'emporte sur les faits. Les 4x4 consomment une énorme quantité d'essence au kilomètre. Ils sont plus dangereux que les minifourgonnettes pour le conducteur, ses passagers et les autres automobilistes. Et en plus d'accroître considérablement la pollution, ils usent davantage les routes et occupent plus de place de stationnement. Mais ils rendent les gens heureux.

Où est le problème ? Faut-il voir un signe de faiblesse ou de frivolité dans le fait de préférer l'histoire aux faits ?

Je ne le pense pas. Sauf si l'on tient compte des effets secondaires.

En raison du pouvoir dont ils jouissent, les marketeurs doivent accepter de nouvelles responsabilités. Ils doivent assumer la *double* responsabilité des profits à long terme et de la viabilité des marchés à long terme. Ériger une fortune en mettant en péril des vies humaines ou en pillant des ressources collectives n'est ni très éthique ni très intelligent sur le plan commercial. Les armes nucléaires n'ont tué qu'une infime fraction du nombre de personnes décimées par le marketing non éthique. Il est temps de se rendre à l'évidence qu'il n'existe pas d'arme plus puissante sur terre.

Les histoires issues du marketing peuvent avoir des répercussions presque instantanées, lesquelles peuvent se faire sentir pendant des dizaines d'années. En créant une histoire qui allait faire du sébaste un aliment de première nécessité dans presque tous les restaurants américains, Paul Prudhomme a failli provoquer l'extinction de cette espèce. En fabriquant une histoire à propos du sirop de maïs, Coca et Pepsi ont répandu un mythe qui allait faire mourir prématurément des millions d'individus de crises cardiaques et de diabète.

Je refuse de croire qu'il existe une différence entre le directeur d'usine qui déverse ses déchets dans la rivière Hudson (empoisonnant ainsi des milliers d'individus) et le directeur du marketing qui crée une histoire dont les conséquences seront exactement les mêmes. Les marketeurs doivent d'autant plus assumer leurs responsabilités qu'ils disposent de pouvoirs extraordinaires.

Les excuses ne manquent pas : « Nous ne faisons que servir le marché », « Nous répondons aux besoins des consommateurs », « Tout adulte devrait pouvoir prendre ses propres décisions », etc. Mais ces arguments ne sont que des échappatoires. Il n'y a pas de marketing plus pervers que celui qui génère des histoires afin de berner les consommateurs et les pousser à prendre des décisions fondées sur le court terme, décisions qu'ils regretteront à long terme. Refuser d'assumer après coup la responsabilité de tels actes n'est rien que de la lâcheté pure et simple.

Vous avez parfaitement le droit de vous enrichir, mais vous n'avez aucun droit de vous servir du pouvoir du mensonge pour détruire des vies.

Avons-nous besoin de chaperons ?

Je ne demande pas aux marketeurs de devenir la conscience de notre société. Si tout le monde se met à jouer au jeu du qui fera mieux, nous n'en finirons jamais (et personne ne fera de profits). Il serait merveilleux que tout le monde se rende au travail à bicyclette, mais cette perspective improbable ne doit pas vous empêcher de vendre des autos.

Je propose un test simple pour distinguer les marketeurs honnêtes de leurs pairs malhonnêtes. Il se résume à deux questions du consommateur auxquelles le marketeur doit répondre.

- « Si je savais ce que vous savez, déciderai-je encore d'acheter le produit que vous vendez ? »
- « Après avoir utilisé votre produit, vais-je être content d'avoir cru votre histoire ou vais-je me sentir floué ? »

Selon moi, les 4x4 ne passent pas l'épreuve. Ni certains types d'assurance-vie. En revanche, un service-conseil à prix exorbitant me semble constituer un excellent exemple d'histoire valable.

À long terme, les « bonnes » histoires (dans les deux sens du terme) profitent aux marketeurs. Pas seulement parce qu'elles leur permettent de dormir en paix, mais aussi parce qu'elles sous-tendent la croissance soutenue des entreprises. À long terme, elles forment un « cercle vertueux » : les gens en tirent suffisamment d'avantages pour consommer encore plus et perpétuer ainsi la durabilité du marché.

Le golfe du Tonkin

En 1964, Lyndon B. Johnson s'est retrouvé avec un problème de marketing sur les bras. Le président et ses proches, préoccupés par la situation politique en Asie du Sud-Est, souhaitaient accroître leur présence militaire dans cette région. Seulement voilà : ils n'avaient pas d'histoire convaincante à raconter aux électeurs ou au Congrès.

Johnson a donc inventé une histoire à propos de prétendues agressions subies par des navires américains dans le golfe du Tonkin. Alléguant que le Maddox et le C. Turner Joy avaient été attaqués par des torpilles nord-vietnamiennes, le gouvernement Johnson a convaincu le sénateur Fulbright, de l'Arkansas, de mener une campagne auprès du Congrès pour faire adopter une résolution qui donnerait aux Américains les coudées franches en Asie du Sud-Est. Fulbright réussit à soutirer le vote de 88 sénateurs (sur 90) et à obtenir l'unanimité des membres de la Chambre. La résolution donnait au gouvernement toute la latitude désirée pour déployer au Vietnam les troupes et l'arsenal militaire dont il jugeait bon de faire usage. Voter contre la résolution, c'était faire preuve de mollesse et même de manque de patriotisme. Les deux sénateurs s'étant opposés à la résolution ne furent d'ailleurs pas réélus.

Le gouvernement Johnson a raconté une histoire, et nous l'avons cru. L'histoire collait avec la vision du monde de nombreux électeurs américains : la nécessité d'utiliser la force en cas d'attaque ou de menace. Johnson a cadré l'histoire avec art. Comment un sénateur pouvait-il agir contre les intérêts du pays ? Comment pouvait-il se ranger du côté de l'ennemi ? La vision du monde sur laquelle le gouvernement tablait était celle-ci : soit vous êtes avec nous, soit vous êtes contre nous.

Il y avait toutefois deux défaillances dans cette stratégie de marketing. La première, c'est que Johnson, McNamara et les autres ont dû manœuvrer sans relâche pour cacher les effets secondaires de leur intervention au Congrès et au peuple américain. Au lieu de raconter une histoire que les électeurs n'auraient pas regretté de croire, même après avoir été informés de tous les faits, le gouvernement a été obligé de dissimuler les effets secondaires atroces et interminables de cette guerre.

La seconde défaillance, c'est que l'histoire était fabriquée de toutes pièces. Il n'y avait jamais eu d'attaques contre des navires américains. Quand le Pentagone a publié des documents révélant que Johnson avait induit les Américains en erreur en inventant purement et simplement le fondement même de son histoire, celle-ci a perdu l'appui de la population. L'histoire a changé, et l'attitude du peuple américain aussi.

De quelque camp politique qu'il soit, le marketeur compétent ne peut manquer de cerner la nature du problème évoqué ici. Ainsi, il comprendra que l'histoire qu'il raconte *doit* être valable ; elle doit donner d'une manière ou d'une autre une version de la réalité. Le consommateur ne doit pas pâtir à long terme de sa croyance à un mensonge, sans quoi on risque de perdre beaucoup plus vite qu'on pourrait le croire et ses clients et sa crédibilité.

L'empereur faisait plutôt belle figure

Tout le monde connaît le conte de l'empereur auquel deux escrocs font croire qu'il porte de somptueux vêtements magiques, alors qu'il est en réalité flambant nu. L'empereur est séduit par l'histoire des filous : si l'on ne voit pas son costume, c'est qu'on est idiot. Ses sujets, à qui il fait comprendre à son tour que seules les personnes intelligentes peuvent percevoir ses habits, s'empressent d'en vanter publiquement la splendeur… invisible. Seul un enfant a le courage (et la naïveté) de démasquer l'empereur et de révéler qu'il est en fait tout nu.

Ce que le conte ne dit pas, c'est que de nombreux sujets croient effectivement que l'empereur fait belle figure dans ses habits, même s'il n'en porte pas.

Au départ, bien sûr, le villageois moyen est plutôt sceptique, car il s'aperçoit bien que l'empereur est nu. Mais dès que ses voisins lui parlent des vêtements magiques de l'empereur, il se met à y croire pour de bon. La nouvelle se répand dans le village et tout le monde finit par admettre qu'elle est vraie.

C'est parce qu'ils *veulent* croire l'histoire que les villageois se persuadent que l'empereur est plutôt bien vêtu avec ses vêtements invisibles. Voilà pourquoi ils accueillent très mal la petite phrase de l'enfant qui leur révèle la vérité (« Mais il est tout nu ! »). Une fois que la vérité est dévoilée, ils sont furieux et se sentent idiots.

Ce n'est pas en apprenant aux gens qu'ils ont longtemps cru en un « mauvais » mensonge qu'on se fait une foule d'amis. Si le mensonge est bienfaisant, s'il aide les gens à être plus heureux ou plus productifs, il devient nocif de ne plus y croire. J'ai beaucoup hésité à écrire un livre sur les mensonges justement parce que nous en sommes si friands.

Si un malade réagit très bien à un placebo, faut-il lui dire qu'il n'avale en fait que des comprimés de sucre ?

Si les cérémonies religieuses du Santeria pratiquées à Cuba réconfortent tel individu, si elles ont un sens pour lui, faut-il lui faire remarquer qu'elles relèvent de la pure superstition ?

Si quelqu'un achète des livres sur les régimes alimentaires (environ 10 % des succès de librairie recensés par *USA Today* portent sur ce sujet), faut-il lui apprendre que les régimes ne font pas perdre, mais bien gagner du poids ?

À une époque se distinguant par de prodigieuses avancées scientifiques et une forme de pensée hautement rationnelle, il est ironique de constater à quel point la religion, la superstition et les histoires fantastiques dictent notre conduite. Ironique, mais nullement surprenant. Depuis notre enfance, on nous a appris à prendre des décisions rapides, à être superstitieux et à se convaincre des mensonges véhiculés par certaines histoires.

Six mois avant que ce livre ne paraisse, d'aucuns critiquaient déjà ma thèse. Quelque chose n'allait pas, disaient-ils. C'était de la triche et non pas un moyen légitime de réussir en affaires. Il y a de fortes chances que vos amis ou peut-être vous-même soyez perturbés par l'idée de raconter des histoires.

Nous, les marketeurs, aimons croire que la vente de produits ou de services utiles, efficaces et économiques est le seul moyen de réussir. Nous y voyons notre seul et unique mérite. La plupart d'entre nous souscrivent à une vision du monde qui nous définit comme des innovateurs et non comme des conteurs.

Beaucoup de lecteurs et de lectrices de livres de marketing ont aussi une vision du monde qui leur fait dire : « Dites-moi la vérité ; ne me racontez pas d'histoires ». Ce n'est qu'un tout petit groupe, malheureusement. Un petit groupe qui ne veut rien entendre à mon histoire sur les histoires.

Mettons les choses au clair : ce n'est pas *moi* qui ai inventé la narration d'histoires. Ce sont vos clients.

Ce sont les consommateurs qui veulent qu'on leur raconte une histoire. Ce sont vos clients potentiels qui ne vous écoutent plus quand vous soulignez inlassablement l'importance du contrôle qualité de ceci ou de cela sans vous préoccuper d'en faire le sujet d'une histoire.

Si vous tenez à haïr quelqu'un, ne me haïssez pas. Haïssez-les.

Étape 5 : les marketeurs authentiques réussissent

Seul le contact personnel peut modifier le cours d'une histoire

Ce n'est pas vous qui fabriquez l'histoire. L'histoire advient avec ou sans vous. Si elle ne vous satisfait pas, la seule manière de la modifier, c'est au moyen du contact direct entre le consommateur et une autre personne. Celle-ci pourra être un voisin, un ami, un professeur ou un supérieur du consommateur, ou encore l'un de vos employés.

Le contact personnel traverse tous les filtres. C'est le moyen par lequel les êtres humains prennent leurs grandes décisions : en regardant les gens dans les yeux, en les côtoyant, ne serait-ce que quelques moments. Voilà pourquoi les cyber-entreprises ont eu tant de mal à se constituer une clientèle fidèle. Elles ne pouvaient pas mettre en place les interactions inhérentes au commerce de détail.

Le contact personnel naît du fait qu'on laisse les gens être des gens, au lieu d'en faire des lecteurs de scripts. Quand un consommateur parle avec un télévendeur de New Delhi ou de l'Omaha qui lui débite un texte préparé d'avance depuis l'espace clos de son isoloir, il n'y a pas de contact personnel. Quand un employé dit à un client : « Je ne peux rien faire de plus ; c'est notre politique », il crée une interaction négative. Mais quand un être humain collabore avec le consommateur, quand il décide de son propre chef d'agir en sa faveur, quelque chose change.

En autorisant vos employés à publier un blog respectueux et à converser directement avec vos clients par messagerie instantanée, vous encouragerez des communications honnêtes. Si ce genre d'initiative vous inquiète, c'est que vous devriez peut-être vous préoccuper un peu plus d'authenticité.

Il se peut que des interactions soient superficielles, agressives ou même égoïstes. Si elles sont authentiques, par contre, elles finiront par porter leurs fruits.

Avant de raconter une histoire à quelqu'un, je me la raconte

L'objectif de tout marketeur est de créer une vache pourpre, un produit ou une expérience si remarquable que les gens ne peuvent qu'en parler. Les produits et les services remarquables favorisent beaucoup plus la circulation des idées que les publicités tapageuses.

La question est de savoir comment reconnaître ce qui est remarquable – et comment produire cette denrée rare. La meilleure façon de s'y prendre, selon moi, est de forger une histoire qu'on aura plaisir à se conter. Avant de répéter une histoire à des amis, à des collègues ou à des internautes, on doit d'abord se la raconter à soi-même.

C'est ce que les politiciens appellent des « sujets d'entretien », et que les détaillants nomment « expérience ». Si vous parvenez à mobiliser l'intégralité de votre entreprise autour de la narration d'une histoire, vous multiplierez au centuple les chances que celle-ci soit rapportée.

Chaque image raconte une histoire

Quand une histoire est authentique, tous les détails s'y agencent spontanément. Votre menu s'accordera à votre style de cuisine. De même, la tenue de votre personnel et le décor de votre restaurant refléteront tout naturellement ce style. Quand vous portez votre histoire en vous, toutes les contradictions disparaissent.

Si vous voulez projeter une image de service chaleureux, rien n'est plus normal que d'engager des employés chaleureux. Si le design est au cœur de l'histoire que vous racontez, rien n'est plus normal que d'engager un gestionnaire et un comptable qui connaissent et aiment le design.

Je ne cherche pas à vous dégager de toutes vos responsabilités en vous invitant à conter des histoires. En fait, celles-ci ne font qu'amplifier le besoin de dire quelque chose de remarquable (et d'honnête).

Les êtres humains sont trop intelligents pour se laisser berner par du trompe-l'œil ou des façades, par ce qui fausse la réalité. Vous pouvez très bien leurrer les gens une ou deux fois, mais (et c'est là une des principales leçons du nouveau marketing) une fois berné, un consommateur ne racontera plus jamais votre histoire à qui que ce soit.

En étant authentique, vous tirerez profit de milliers de ventes, et non de quelques ventes extorquées par la tromperie. Le prix de l'inauthenticité est tout simplement exorbitant.

Chaque voiture raconte une histoire

C'est chez Aston Martin qu'on trouve la voiture la plus convoitée aujourd'hui. Elle coûte 150 000 $ et le *New York Times* lui attribue une cote de 12 sur une échelle de 1 à 10. On peut toutefois lui préférer les voitures de marque Jaguar, Volvo ou Range Rover. Il est à noter, toutefois, que celles-ci sont toutes fabriquées par Ford et, chose peu surprenante, qu'elles partagent certaines pièces.

Pourquoi est-ce que tout le monde ne s'achète pas une Honda d'occasion ? Si la raison d'être d'une voiture est de nous transporter sans incidents d'un point A à un point B, il n'y a vraiment rien de rationnel à choisir une Jaguar qui, outre son prix astronomique, ne brille pas par sa fiabilité. Quand on sait qu'aucune dépense n'est plus élevée que celle que représente l'achat d'une voiture, qu'aucun produit ne consomme autant de ressources et qu'aucun moyen de transport ne met en danger autant de personnes qu'une auto, on pourrait penser que les acheteurs choisiraient très attentivement celle qu'ils vont conduire.

Or, presque tous les consommateurs achètent une voiture en raison de son histoire. Mais là encore, il n'y a pas de meilleure histoire qu'une histoire authentique. S'il faut s'inscrire sur une liste d'attente afin de se procurer une Lotus Elise, ce n'est pas seulement parce que celle-ci a du style et qu'elle s'inscrit dans la lignée des bolides de course. C'est aussi parce que la compagnie qui la fabrique a adopté un point de vue qui concorde avec l'histoire de cette voiture. Ses acheteurs n'ont rien à craindre : ils ne trouveront jamais la marque Lotus sur les valises bon marché que vend Costco.

La Toyota Prius raconte une histoire totalement différente. Les gens choisissent cette voiture pour prouver au monde entier à quel point ils sont intelligents (même s'ils ne le sont pas forcément). Toyota ne s'est pas contentée d'offrir un véhicule à faible consommation d'énergie. Les ingénieurs de la Prius ont mis en scène un scénario beaucoup plus authentique. Ils sont allés plus loin, infiniment plus loin que ce qu'on attendait d'eux. Tout est intelligent dans leur création, même le système de verrouillage.

Quand il arrive près de sa Prius, le conducteur n'a pas besoin de sortir les clés de sa poche. La voiture sait qu'il les a et déverrouille les portières dès qu'il en touche la poignée. L'utilisateur n'a plus qu'à monter dans la voiture, appuyer sur le bouton de démarrage et rouler. Les conducteurs s'émerveillent autant du procédé de verrouillage que de la faible consommation énergétique de leur voiture. Tous les concessionnaires et tous les amis qui vous feront essayer la Prius vous raconteront l'histoire de cette « voiture intelligente » dans des mots qui évoquent beaucoup plus l'authenticité que le gadget.

Toyota a raconté une histoire, et les ingénieurs l'ont fait vivre avec la Prius.

L'authenticité du Soy Luck Club

L'endroit que j'aime le plus à New York est un petit café un peu éloigné dont la propriétaire est Vivian Cheng. Au Soy Luck Club, où l'accès Internet est rapide et gratuit, on sert des biscuits biologiques à l'avoine, du lait de soja frappé et un thé absolument délicieux. Les fauteuils sont confortables, le personnel est chaleureux et l'atmosphère parfaite.

La plupart des gens passent devant le café sans même le remarquer. Mais certains ralentissent le pas, s'arrêtent devant la porte, jettent un coup d'œil sur la carte, le décor et la clientèle et entrent sans hésiter, comme s'ils connaissaient cet endroit depuis toujours. Ils savent – presque instantanément – que c'est le genre d'établissement qu'ils vont aimer. L'histoire que raconte Vivian cadre avec leur vision du monde, et ils sont conquis avant même de commander quoi que ce soit.

Comment la propriétaire s'y prend-elle pour attirer des gens ? Je connais assez bien Vivian pour affirmer qu'il n'y a sur ce point rien de calculé de sa part. Ses succulents bagels de blé entier au beurre de soja et à la banane ne sont pas offerts pour piéger des clients en mal d'alimentation saine et de goûts tendance. Ils sont préparés parce que Vivian les aime et qu'elle aime les servir.

Le Soy Luck Club est en tous points authentique parce qu'il exprime la personnalité de Vivian et que c'est exactement le genre d'endroit qu'elle aime fréquenter elle-même. Cela dit, comment s'arrange-t-elle pour faire croître sa clientèle ?

Elle pourrait le faire en persuadant les gens qui ne s'intéressent pas à son type d'ambiance, à son alimentation saine ou à ses sofas moelleux que son café vaut mieux que celui de Starbucks. Elle pourrait aussi le faire en convainquant ces personnes qu'il faut consommer plus de soja pour éviter les crises cardiaques. Mais aucune de ces approches n'a de chances de réussir. Les gens n'aiment pas changer d'avis.

Vivian a donc décidé de s'adresser aux groupes qui choisissent volontairement de lui accorder leur attention, ceux dont la vision du monde concorde avec l'histoire qu'elle veut raconter. Elle a cadré son histoire de manière à embrasser cette vision. Une rue plus loin, le club de santé Equinox remet à ses clients des coupons de réduction pour un déjeuner au Soy Luck Club. L'hypothèse (pleinement fondée) est qu'on ne jettera un coup d'œil sur de tels coupons que si on les a reçus de gens à qui on fait confiance. Plus encore, les gens qui sont prêts à se ruiner pour s'entraîner en plein hiver sont fort susceptibles de croire à une histoire de vitalité et de bonne santé, d'autant qu'elle se déroule à quelques pas de leur club.

Bien entendu, Vivian aura vraiment remporté son pari quand ses clients les plus fidèles se mettront à raconter son histoire à leurs connaissances. Même si elles ne partagent pas forcément la vision du monde de Vivian, ces connaissances s'empresseront de faire ce que font les autres, de fréquenter les endroits que fréquentent leurs « meilleurs amis ». Voilà comment Starbucks a réussi, et voilà aussi comment le Soy Luck Club réussira.

Cold Stone Creamery : une histoire qui a perdu son âme

Avec une excellente histoire pour tout bagage, Cold Stone Creamery a connu une croissance telle qu'elle exploite aujourd'hui près de 1 000 crémeries. Mais l'histoire qu'elle racontait à ses débuts devient de nos jours de plus en plus confuse…

Fondée en 1988 en Arizona, Cold Stone a la narration d'histoires dans le sang. Voici un extrait éloquent de son énoncé de mission :

> « Dites adieu aux crèmes glacées mille fois prévisibles et ouvrez-vous à une toute nouvelle expérience du dessert. Comment se tromper quand on sait que la priorité de nos priorités est de rendre les gens heureux ? La mission que se donne Cold Stone Creamery est de faire naître un sourire sur le visage de ses clients en leur faisant découvrir des crèmes glacées hors du commun. »

Bien vu ! La société a compris que les gens sont prêts à payer cinq ou dix fois le prix d'une crème glacée de supermarché pour vivre une expérience qui les rend heureux (mais non pas pour consommer un produit). Des familles entières envahissent ses crémeries pour écouter l'histoire qui vibre derrière cette expérience.

Cold Stone peut se vanter d'avoir des légions de fidèles. Elle possède des crémeries dans 46 États, et les amateurs n'hésitent pas à faire des détours de plusieurs dizaines de kilomètres pour se rendre dans l'un de ces établissements.

Le problème, c'est que Cold Stone s'est mise en tête de croître à tout prix et qu'elle veut y parvenir en octroyant des franchises. Certains des franchisés n'ont pas la même passion que les fondateurs de la compagnie, ce qui a pour inévitable conséquence de rendre l'histoire inauthentique et le mensonge moins crédible.

Dans tous les établissements Cold Stone, les employés entonnent de temps en temps des chansons à la gloire des crèmes glacées et des pourboires. Cependant, dans la crémerie de mon quartier, on peut difficilement dire qu'ils chantent. On dirait plutôt qu'ils psalmodient une sorte de chant funèbre. De toute évidence, quelqu'un leur a ordonné de chanter, et ils s'exécutent sans très bien savoir pourquoi et sans s'y intéresser le moins du monde.

Puisqu'ils engagent des employés au plus bas salaire possible, il faut conclure que certains franchisés pensent que leur travail consiste à remplir des cornets de crème glacée. Ils n'ont rien compris. Leur boulot, c'est de raconter une histoire où les chansons, les sourires et le personnel occupent une place beaucoup plus importante que la crème glacée elle-même. Cold Stone ne peut pas continuer à prendre de l'expansion en réduisant ses coûts, car ses clients la lâcheront très vite quand ils s'apercevront que l'expérience qu'elle leur promet ne leur apporte plus rien. Si les employés ne s'amusent plus, comment les clients s'amuseraient-ils ? Certains sens comptent plus que d'autres, mais tous les sens sont importants.

- L'odeur d'une maison qu'on visite à l'occasion d'une journée portes ouvertes.
- Les clics qu'émet un téléphone cellulaire quand on compose un numéro.
- L'emplacement du restaurant qu'on choisit dans une galerie marchande.
- La devanture d'un magasin.
- La façon dont un réceptionniste répond au téléphone.
- La police de caractères d'un dépliant.
- L'identité de la personne qui vous appelle pour solliciter un don.

Il vaut la peine de s'arrêter quelques instants pour réfléchir à l'ampleur des changements que nous sommes en train de vivre. Il y a quelques décennies seulement, la seule chose qui comptait était de faire tenir une idée dans une annonce télévisée de 60 secondes. Des facteurs comme le prix et le mode de distribution constituaient l'essence d'une stratégie de marketing.

Les règles ont bien changé. Que vous soyez architecte, évangéliste ou pâtissier, l'important est de raconter une histoire cohérente. Si vous parvenez à vivre l'histoire que vous voulez raconter, les consommateurs à qui elle s'adresse seront plus susceptibles de la croire parce que tous les éléments narratifs seront justes.

Quand un supermarché place les produits Silk dans la section des produits réfrigérés (alors qu'ils n'ont pas besoin de l'être), il vous raconte une histoire subtile sur la fraîcheur.

Quand un magasin présente ses barres nutritives près de la caisse plutôt que dans le rayon des vitamines, il vous conte aussi une histoire. Ce sont tous ces petits indices qui livrent les grands messages.

Il faut combiner les sens pour convaincre le consommateur sceptique

Tous les sens sont interdépendants. Vous pourrez très bien éveiller mon intérêt en affichant un menu écrit à la main à la porte de votre restaurant, mais si le style de vos fauteuils (ou pire, l'odeur de la salle) ne concorde pas avec le style de votre menu, vous ne pourrez pas me leurrer. Vous avez beau être le meilleur psychiatre du monde, vous rebuterez le client potentiel si les mots que vous utilisez lui font soupçonner, dès les dix premières secondes de la conversation téléphonique, que vous cherchez plus à vous trouver des patients qu'à les soigner.

J'ai dit plus haut que le marketing était devenu un art. L'essence de cet art est de savoir se servir de techniques non verbales pour formuler une série de promesses (qui devront, j'insiste, être tenues). Certaines personnes y parviennent naturellement, sans même s'en rendre compte. Les autres (et c'est la grande majorité) doivent s'y appliquer consciemment. Nous devons travailler très dur pour comprendre quels sont les préjugés de nos clients potentiels et quels « totems » nous devons évoquer pour leur raconter une histoire.

Par où commencer ? Vous pouvez prendre pour modèle quelqu'un qui, dans un autre marché, raconte une histoire semblable. Demandez-vous quels signaux ou clés il utilise, puis reproduisez-les. Pas quelques-uns. Tous. Votre histoire ne se résume pas à une note : c'est une symphonie.

Toutes les bonnes histoires se ressemblent

Ne l'oubliez pas : les bonnes histoires promettent d'exaucer les désirs que font naître la vision du monde du consommateur. Voici ce qu'elles peuvent avoir à offrir :

- un raccourci ;
- un miracle ;
- de l'argent ;
- la réussite sociale ;
- la sécurité ;
- la valorisation de l'ego ;
- l'agrément ;
- le plaisir ;
- un sentiment d'appartenance.

Elles peuvent aussi jouer sur la peur – en promettant au consommateur qu'il pourra éviter le contraire de tout ce qui figure sur la précédente liste.

Tous les consommateurs sont différents. Mais, tout compte fait, ils visent des buts identiques. Ils veulent être promus, renommés, riches, sages et en bonne santé. Ils veulent être agréablement surpris et sincèrement flattés.

Ce n'est là que le discours habituel du marketing présenté sous un angle différent, dira-t-on. Sauf que ça ne l'est pas. Car les bonnes histoires ne mentionnent *jamais* ce que les marketeurs sont le plus susceptibles de mettre de l'avant : l'excellente qualité, le prix légèrement inférieur, le meilleur achat possible, la marchandise convenable offerte à prix convenable… Ou la commodité, la courtoisie du personnel, la qualité de la brochure, l'absence de défauts, la garantie conforme aux normes de l'industrie… Aucun de ces attributs ne vaut la peine qu'on leur consacre une histoire.

Ce ne sont sûrement pas les consommateurs qui en feront toute une histoire. En fait, ils jugeront ces attributs si peu remarquables qu'ils n'en parleront même pas à leurs connaissances.

Tout le monde (ou presque) veut posséder une perceuse plus performante ou acheter des muffins un peu plus nutritifs. Rien n'est plus commun que ces désirs, rien ne doit être plus exceptionnel que votre histoire. Raconter une histoire remarquable n'est pas chose facile, mais cela en vaut la peine.

Bref, la question que vous devez vous poser pour lancer votre produit, votre service ou votre entreprise est la suivante : quelle histoire classique puis-je raconter ?

La concurrence dans l'univers du mensonge

Une histoire pour chaque consommateur

Supposons que les principes de la narration créative vous interpellent et que vous vouliez les appliquer. Que faire si vous avez des concurrents ? Comment votre narration va-t-elle rivaliser avec les autres histoires qui circulent sur le marché ?

Ce qu'il faut savoir avant tout, c'est que vous ne pourrez jamais percer en essayant de raconter une histoire mieux que votre concurrent ne le fait.

Il est pratiquement impossible de surpasser un concurrent en contant la même histoire que lui. Il y a quelques années, j'ai visité les bureaux de l'équipe digitale de WalMart à l'occasion d'une présentation que je faisais pour les cadres. Il y avait partout une immense affiche qui proclamait « *You can't out-Amazon, Amazon* » (On ne peut être plus Amazon qu'Amazon). À l'époque, WalMart était cent fois plus puissante que son petit concurrent de Seattle. Si WalMart elle-même redoutait de marcher sur les traces d'Amazon, quelles chances pourriez-vous avoir de vaincre des concurrents bien établis ?

C'est la leçon la plus difficile que nous puissions tirer à propos de la concurrence. Les marketeurs (et, de manière générale, tous les êtres humains) ont une habitude atavique, celle de suivre un meneur. Tout naturellement, notre instinct nous pousse à déterminer ce qui marche pour nos concurrents et à essayer de faire mieux qu'eux. Nous tentons alors de vendre des produits moins chers que les produits les moins chers ou de fabriquer des produits plus rapides que les produits les plus rapides.

Le problème, c'est que, une fois qu'un consommateur gobe une histoire (faisant sien le mensonge qu'on lui raconte), le persuader de changer de camp revient à lui faire dire qu'il s'est trompé. Or, les gens ont horreur d'admettre qu'ils ont tort.

La meilleure chose à faire, c'est de proposer une narration *différente* et de convaincre ceux qui vous écoutent que cette histoire revêt plus d'importance que celle à laquelle ils croient. Si votre concurrent fabrique des produits rapides, vendez des produits moins chers. Si votre concurrent parle de bonne santé, insistez sur la commodité. Il ne s'agit pas de vous positionner systématiquement comme « moins cher » par opposition à « plus rapide », mais d'inventer une véritable histoire qui tranche complètement avec celle qu'on raconte déjà.

Woot.com offre un exemple de réussite foudroyante dans le monde d'Internet. Cette entreprise, qui réalise un chiffre d'affaires de plusieurs millions de dollars, compte des dizaines de milliers d'abonnés. Et pourtant, elle ne fait pas de publicité et n'a pour tout personnel qu'une poignée d'employés dévoués. Comment s'y prend-elle ?

C'est simple : elle ne vend qu'un article par jour.

Woot n'essaie pas d'être « plus Amazon qu'Amazon ». Elle a créé son propre style en racontant une histoire passionnante que tout le monde peut facilement aimer et propager. Chaque jour, à compter de minuit, elle vend un seul et unique produit à très bas prix. Quand les stocks sont épuisés, elle ferme boutique. Les abonnés doivent revenir le lendemain pour savoir ce qu'offre alors la compagnie.

Woot est une vache pourpre, une entreprise remarquable dont l'histoire se raconte très simplement. Et comme c'est son histoire et celle de personne d'autre, les possibilités d'expansion sont illimitées.

Flip-flop

Personne ne peut le nier : George W. Bush a retourné sa veste aussi souvent que John Kerry. Mais il a pris les devants. Le président et son équipe ont fabriqué avec brio l'histoire d'un candidat nommé Kerry qui ne pouvait jamais s'en tenir à la même version des faits. Des milliers de citoyens ont cru ce mensonge.

Kerry a désespérément essayé de se défendre en prouvant que Bush retournait aussi prestement sa veste que lui. Mais son histoire n'avait aucune chance d'être acceptée étant donné que l'autre circulait déjà. Il n'était d'aucune espèce d'importance que l'histoire de Kerry soit vraie ou non. La concurrence vendait déjà la même fiction avec succès, et l'équipe de Kerry ne pouvait pas y faire grand-chose.

L'équipe de Kerry a alors essayé de montrer que les changements de point de vue étaient une *bonne* chose, que c'était au fond des signes d'ouverture et de souplesse. Difficile à faire croire, car l'histoire racontée par l'équipe de Bush enfermait Kerry dans un cadre qui concordait avec la vision du monde de millions de citoyens. Pour accepter l'histoire de Kerry, les citoyens devaient admettre qu'ils avaient eu tort, ce qui, comme on le sait, ne se produit presque jamais.

La meilleure stratégie aurait été de commencer le premier. Comme cela n'a pas été le cas, la réaction la plus indiquée aurait été de raconter une histoire complètement différente. Une histoire que l'équipe de Kerry aurait cadrée de sorte qu'elle épouse la vision du monde de l'électeur indécis.

Trouver la bonne communauté

Dans la plupart des cas, on vous demande de faire concurrence à une entreprise qui réussit déjà grâce à une histoire bien ancrée dans l'esprit de sa clientèle. (Les investisseurs et les patrons ont la fâcheuse habitude de gaspiller leur temps et leur argent en tentant de pénétrer des marchés établis, alors que tout le monde sait que ceux-ci sont les plus difficiles à percer.) Même si l'histoire de votre concurrent s'est déjà propagée dans une communauté partageant une vision du monde identique, votre patron peut vous demander de toucher cette même communauté en lui racontant votre propre histoire. Il s'imaginera sans doute qu'il vous suffira de cadrer celle-ci convenablement.

Supposons, par exemple, que vous vouliez recueillir des fonds pour un organisme sans but lucratif en sollicitant des donateurs bien nantis ou en vendant des cartes d'abonnement à des enragés de sports. Ces deux tâches s'avéreront aussi ardues l'une que l'autre. Votre atout, c'est que la communauté que vous visez a déjà montré sa réceptivité à des histoires semblables. Votre handicap, c'est qu'elle n'a plus besoin d'une nouvelle histoire. Elle a réglé son problème, en quelque sorte, et tout ce que vous pouvez espérer, c'est de récolter les miettes en rejoignant les rares personnes encore non informées. Ce qui n'est pas ce qu'on pourrait appeler le gros lot.

La meilleure option stratégique, c'est de cibler une communauté différente, dotée d'une vision du monde différente et souhaitant entendre une histoire différente. Cela ressemble à la tactique classique de 7-Up, décrite dans *Le positionnement* : vendre des produits sans cola aux consommateurs qui ne veulent pas acheter de Coca. Mais la stratégie que je vous propose va beaucoup plus loin.

Je vous demande d'inventer une toute nouvelle histoire cadrée en fonction de la vision du monde d'une communauté négligée. La WNBA, association américaine de basket-ball féminin, y a fort bien réussi en positionnant ce sport comme elle l'a fait. (Je ne pense pas que son initiative soit nécessairement sans intérêt parce qu'elle a échoué. Cet échec est dû au fait que les équipes féminines n'ont pas pu bénéficier des grosses recettes tirées des matchs télévisés sur lesquelles elles comptaient.) La WNBA n'a pas proclamé qu'elle vendait ses billets nettement moins chers que la NBA, bien que le basket-ball féminin soit en tous points identique à son pendant masculin. Elle s'est plutôt tournée vers un tout nouveau groupe (familles, femmes et enfants) et lui a raconté une histoire radicalement différente. Elle s'est assurée que les amateurs et les joueuses puissent interagir de façon novatrice, créant une expérience du jeu contraire à celle de la NBA.

Est-il certain que vous dénicherez une nouvelle communauté qui sera réceptive à votre message et qui garantira votre succès ? Bien sûr que non. Ce qui est certain, par contre, c'est que vous courrez tout droit à l'échec en essayant de séduire la communauté qu'a déjà fidélisée votre concurrent le plus sérieux.

Segmenter la communauté

Que se passe-t-il si vous abordez un marché où la concurrence ne vous laisse plus de place et où tous les consommateurs ont avalé l'histoire que vos concurrents leur ont proposée ?

Vous devez en déduire que ceux-ci font déjà circuler une histoire qui marche très bien. Ne comptez pas réussir en racontant la même histoire aux mêmes personnes (même si vous y mettez plus d'emphase et de couleur que vos concurrents). Ce que vous devez faire, c'est raconter une histoire *différente* à un fragment de la communauté dont la vision du monde n'est pas celle de la masse. Prenons l'exemple de Masa, ce restaurant new-yorkais où un repas de sushis coûte 300 $ par personne. S'adressant aux gens qui adorent les sushis, mais aussi les sorties et les bons restaurants, Masa communique le message suivant : « Nous offrons les meilleurs sushis du monde, mais seulement à ceux qui sont prêts à y mettre le prix ».

Avant l'arrivée de Masa, toute une communauté souhaitait entendre une histoire sur le thème des sushis. Elle savait qu'il existait des sushis express, de très bons sushis et des sushis présentant un bon rapport qualité-prix. Malgré la diversité de ses expériences culinaires, cette communauté était traitée comme un groupe homogène rallié autour d'une seule vision du monde : la passion des sushis.

Masa a choisi de ne s'adresser qu'à un petit segment de cette communauté. Dépassant la vision globalisante qui faisait loi (la passion des sushis), il a axé son histoire sur les thèmes du « luxe » et de la « réputation internationale ».

Certains ont écouté cette histoire avec intérêt et l'ont cru. Elle était cadrée de manière à correspondre à l'idée qu'ils se faisaient d'un bon repas, à l'opinion favorable qu'ils avaient d'eux-mêmes et à leur rapport à l'argent. D'autres ont jugé la chose tout simplement « ridicule ». En scindant la communauté des amateurs de sushis en deux groupes (celui, majoritaire, qui ne croyait pas qu'un repas de sushis puisse valoir un prix à ce point exorbitant, et celui, minoritaire, qui avait le désir et les moyens de le croire), Masa a été en mesure de s'attirer suffisamment de clients pour se démarquer de ses concurrents.

Masa ne deviendra un établissement lucratif que s'il tient ses promesses et que son groupe cible juge l'expérience assez remarquable pour la faire connaître à d'autres.

Contrairement à ce que vous pourriez penser, la vision du monde dont vous êtes en quête s'avérera très peu monolithique. Quand les sociétés du groupe Fortune 500 ont commencé à investir des milliards de dollars dans les technologies de l'information, tous leurs responsables des systèmes d'information semblaient à première vue avoir la même vision du monde. Mais les concurrents les plus avisés ont très vite découvert que certains de ces cadres ne s'intéressaient qu'aux histoires leur permettant d'éviter les risques, alors que d'autres cherchaient désespérément à se faire un nom en se donnant des allures de fonceurs. Des sociétés telles que Broadview, IBM et Cisco se sont partagé le marché parce qu'elles ont déployé des efforts considérables pour déterminer qui allait croire quoi.

L'autre manière de se développer

Que faire lorsque la scission d'une communauté ne vous rapporte pas une part suffisante du marché ? L'autre manière de prendre de l'expansion est de tirer parti du fait que, dans toute communauté, plusieurs visions du monde peuvent se côtoyer chez une même personne.

La plupart des acheteurs de vélos haut de gamme sont sensibles aux histoires axées sur la vitesse. Pendant très longtemps, la vision du monde centrée sur la rapidité a dominé le marché des bicyclettes. Des compagnies italiennes comme Campagnolo ainsi que plusieurs entreprises montantes du japon rivalisaient d'astuces pour raconter l'histoire la plus palpitante sur la vitesse.

Peu à peu, certaines compagnies américaines (comme Trek) se sont mises à raconter une histoire différente au même public, travaillant cette fois le thème du confort. Ces nouvelles histoires parvenaient à convaincre certains consommateurs de consacrer 1 000 $ ou 5 000 $ à l'achat d'un vélo de montagne ou d'une bicyclette hybride qui reprenait la tradition des vélos de course (ces compagnies étaient les premières commanditaires de Lance Armstrong), mais qui était en plus agréable à utiliser. Ce n'est qu'en 1990, soit quatorze ans après avoir commencé à vendre des vélos de course, que Trek a pris ce nouveau tournant. Elle y est parvenue en racontant une histoire qui collait à la vision du monde d'un segment oublié de la communauté des amateurs de bicyclettes. Aujourd'hui, les compagnies les plus influentes de ce marché vendent des vélos confortables aux baby-boomers avançant en âge. Plus les consommateurs vieillissent, plus leur vision du monde évolue. Les bonnes histoires doivent s'adapter en conséquence. À partir d'une histoire facile à raconter et à développer, ces compagnies ont pu rejoindre un plus grand nombre de consommateurs.

Si la vache était pourpre, on le saurait…

Invisible ou remarquable ?

Dans *La vache pourpre*, j'affirmais que rien n'était plus risqué que de ne pas prendre de risques et que, dans un monde saturé d'informations, la seule manière de réussir était de créer un produit remarquable.

Depuis que j'ai commencé à rédiger ce livre, je vous entends presque soupirer de soulagement. S'il vous faut « seulement » raconter une histoire, vous pensez peut-être que vous pourrez assez facilement vous tirer d'affaire. Il vous suffira de concocter une histoire, de la faire approuver par vos patrons et de l'expliquer à votre personnel de vente. Ensuite, il ne vous restera qu'à concevoir une annonce pour formuler votre fiction, et le tour sera joué.

N'en faites rien, car vous signerez du même coup votre arrêt de mort.

C'est que vous ne pouvez pas débiter n'importe quelle histoire. Vous ne pouvez pas raconter une histoire de votre seul point de vue. Vous ne pouvez pas forger une histoire inauthentique ni conter une histoire inoubliable fondée sur une réalité banale.

Depuis 2002, je reçois des milliers de lettres de gens qui me disent avoir créé une vache pourpre, mais qui ne savent pas quoi faire pour qu'on en parle, je voudrais leur répondre ceci : « Si vous aviez vraiment créé une vache pourpre (de l'avis du consommateur et non de celui de vos patrons), vous n'auriez aucun mal à faire parler d'elle ».

Les seules histoires qui marchent, les seules qui portent, les seules qui se propagent, ce sont celles qui nous font dire : « Je n'en crois pas mes oreilles ! » – celles que nous pouvons non seulement nous permettre de répéter, mais que les gens nous demandent de répéter.

Votre histoire ne doit pas forcément être aguichante, tapageuse ou géniale. Mais il faut absolument qu'elle soit remarquable. Il ne suffit pas d'être personnellement convaincu qu'une histoire mérite d'être racontée et propagée pour qu'elle le soit, contrairement à ce que croient trop souvent les marketeurs imbus d'eux-mêmes. Soyons clairs : ce n'est pas vous qui décidez de ce qui se propage ou ne se propage pas. C'est le public. Les histoires authentiques qui, en fonction de leur mérite, acquièrent le droit d'être propagées sont propagées. Et c'est à vous, marketeurs, qu'incombe le travail de leur conférer ce droit.

En deux mots

Si vous racontez la bonne histoire, vous produirez automatiquement une vache pourpre. Toutes les bonnes histoires deviennent des vaches pourpres pour la simple et unique raison que les gens adhèrent au mensonge qu'elles véhiculent et le font circuler. C'est ce qui fait une histoire remarquable, et c'est ce qui crée une vache pourpre.

Ce n'est pas par hasard que les marketeurs qui savent raconter des histoires produisent presque invariablement des vaches pourpres. Les deux processus sont intimement liés. Ce que je vous conseille, c'est de vous débarrasser de vos peurs et de conter l'histoire la plus percutante que vous puissiez imaginer. Le reste coulera de source.

À la défense de l'extrémisme

Vous n'êtes pas le seul à vouloir raconter une histoire. C'est pourquoi les histoires trop tièdes et trop mitigées (celles qui veulent plaire à tout le monde, et même à ceux qui ne veulent pas les écouter) sont probablement vouées à l'échec. Si on trouve autant de dingues à la tête de projets qui marchent, c'est que ces gens-là se donnent tout entier à leur histoire et qu'ils refusent tout compromis.

Ce ne sont pas toujours des collègues agréables, certes, mais ils ont le don de raconter des histoires cohérentes à tous les points de vue. Ils ne font pas semblant. Ils incarnent leur histoire, et les consommateurs qui veulent les écouter les comprennent totalement.

Les consultants constituent très souvent un véritable fléau pour les conteurs d'histoires. Ils encouragent les candidats politiques à se fier aux sondages et les restaurateurs à changer de menu. Au lieu de vous laisser constamment entraîner vers le centre, vous devez regarder les choses en face et comprendre que seule une histoire authentique et remarquable a des chances de se propager.

Un exemple d'extrême : faire voter des gens

Les recherches universitaires d'Edward L. Glaeser, professeur d'économie à Harvard, ont mis en relief un phénomène qui sautait pourtant aux yeux : les personnes les plus susceptibles de voter sont celles qui se situent aux extrêmes. Pas celles qui occupent le centre de la courbe, mais celles qui se révoltent, se passionnent et défendent ardemment une seule et unique cause.

Voilà qui devrait faire réfléchir les candidats. Soyez radical avant l'élection pour intéresser le bassin d'électeurs sur lequel vous pourrez fort probablement compter (notez bien que je n'ai pas dit qu'il devait s'agir de la partie la plus importante de l'électorat). Après l'élection, glissez vers le centre pour faire avancer votre programme.

La même chose vaut pour la vente de sauces piquantes ou de rayons laser. Soyez remarquable, visez les extrêmes, faites quelque chose dont il vaille la peine de parler. Ces initiatives vous vaudront le soutien des communautés réellement concernées. Pour réussir, vous devez situer votre histoire aux extrêmes, puis la déplacer habilement vers le centre afin qu'elle puisse faire vibrer les auditoires qui auront été persuadés par leurs amis (et non par vous).

Un autre exemple d'extrême : le titre de ce livre

Si l'histoire est le facteur qui amène le consommateur à croire en un produit, pourquoi ne pas avoir donné à ce livre un titre reflétant mieux mes arguments, tel que *Tous les marketeurs sont des conteurs d'histoires ?*

C'est que j'ai voulu être excessif. Je savais que personne ne haïrait un titre comme *Tous les marketeurs sont des conteurs d'histoires.* Que personne ne s'y opposerait, que personne ne le contesterait. Que personne n'en *parlerait.*

Le marketeur talentueux s'empare d'une histoire qu'il épure et amplifie au point où elle cesse d'être vraie (mais elle le deviendra !). N'essayez pas de raconter une histoire qui ne représente pour vous aucun risque et qui ne suscite aucune controverse. Les platitudes ne vous mèneront pas loin.

Je suis convaincu que la vache pourpre est au cœur de presque tous les grands succès d'affaires des dix dernières années. Ce que je suggère dans ce livre, c'est que l'élément remarquable ne forme qu'une partie d'un vaste ensemble, qu'il constitue un fragment de dissonance cognitive qui modifie la manière dont le consommateur perçoit votre produit. Pour être remarquable, vous devez vous attaquer résolument aux extrêmes et raconter une histoire que personne d'autre ne pourra conter.

L'histoire et la vache s'adaptent mal au juste milieu

Le grand et le petit se prêtent bien à la narration d'histoire. C'est le juste milieu qui me préoccupe.

- *Petit :* on peut facilement comprendre en quoi une bonne histoire peut aider un individu. Peu importe le contexte dans lequel vous vous trouvez (la présentation d'un CV, une entrevue d'emploi ou un rendez-vous), vous savez parfaitement que la personne avec laquelle vous aurez affaire ne disposera que de quelques minutes pour porter un jugement sur vous. Il est par conséquent à peu près certain que vous courrez à l'échec si vous vous en tenez strictement aux faits. Derrière toutes les relations que nous nouons avec les gens (de quelque nature qu'elles soient), il y a toujours une histoire.
- *Grand* : on peut également comprendre en quoi une histoire particulière crue par les consommateurs peut profiter à une marque entière. Quand des entreprises comme Dell ou Nike racontent une histoire qui marche pour l'un de leurs produits ou services, tous les produits et services de la même marque en profitent.
- *Moyen* : c'est là que le bât blesse. Si vous lancez un nouveau type de pizza Totino (carrée et non ronde) ou que vendez votre liste d'organismes sans but lucratif 100 $ au lieu de 200 $, vous ne pouvez pas raisonnablement vous attendre à une croissance fulgurante. Bien sûr, il se peut que vous obteniez de bons résultats, mais, dans la plupart des cas, les petits changements n'ont que de petits effets. Il est difficile d'être remarquable quand on trace des frontières artificielles entre ce qui se raconte et ce qui ne se raconte pas dans une histoire. On peut difficilement être remarquable quand on ne veut pas renoncer au statu quo.

Little Miss Matched est l'une de mes petites compagnies préférées. Elle vend plus de 134 styles de chaussettes pour préadolescentes. Ce qui la distingue, c'est qu'elle offre à sa clientèle non pas des chaussettes assorties, mais bien des chaussettes dépareillées (quoique celles-ci ne soient pas agencées n'importe comment !). L'histoire a été cadrée de manière à coller à l'état d'esprit des préadolescentes : en portant ces chaussettes colorées, sympathiques et dépareillées, les jeunes filles font parler leurs amies et se sentent merveilleusement originales.

L'histoire est excellente. Dès qu'elles commencent à y croire, les jeunes filles se mettent à exhiber leurs chaussettes. Et dès qu'elles les exhibent, elles se sentent superbement *cool.* L'idée fait son chemin. Les jeunes filles se passent le mot, et la rumeur prend une telle ampleur que même les enfants qui ne suivaient pas la mode se mettent à s'y intéresser.

Il n'y a pas de petites histoires, il n'y a que des petits marketeurs. Si votre histoire est inconsistante, ce n'est pas une histoire, mais simplement une distraction sans intérêt. Félicitons Little Miss Matched d'avoir fait une grande histoire d'un petit produit.

Amplifiez votre histoire, amplifiez-la de plus en plus jusqu'à ce qu'elle devienne assez importante pour qu'on y croie.

Petit extra n° 1 : les maîtres conteurs et ceux qui peinent toujours

Je veux montrer mon pouvoir

Les modèles Nissan Armada et Mitsubishi Montero sont tous deux dotés d'empattements inutilement évasés. L'évasement n'a rien de fonctionnel ; il ne fait que rendre un véhicule plus massif et plus imposant. Mais n'est-ce pas là justement en quoi il est fonctionnel ? La raison d'être de ces autos n'est-elle pas précisément d'en imposer ? Comme nous l'avons vu précédemment, c'est ce qui en constitue l'attrait principal pour les consommateurs. Ces voitures musclées et gonflées à bloc, où des ondulations menaçantes strient la tôle de métal qui entoure les roues, indiquent à quiconque s'en approche que leurs propriétaires ne sont pas du genre à se laisser faire.

C'est bien en cela que les analystes arides des guides des consommateurs se trompent. Les évasements ne sont pas du tout inutiles. Un marketeur ingénieux du service de la conception a compris qu'une histoire construite autour d'une tôle de métal constituait une façon incroyablement peu coûteuse de vendre une voiture à prix fort.

Ces voitures fonctionnent-elles mieux pour autant ? Eh bien, si votre but est de vous déplacer de New York à Cleveland, non. Pas du tout. Il y a de bien meilleurs choix qu'un véhicule de ce type. Mais si votre but est de vous sentir puissant et d'exhiber votre pouvoir, les 4x4 remplissent parfaitement leur mandat. Ils racontent une histoire à laquelle vous pouvez croire et vous procurent d'excellentes raisons de vous mentir chaque fois que votre regard se pose sur votre voiture.

Le cas du restaurant Jackson

Le cas du Jackson Diner, un petit restaurant indien perdu dans le Queens, à New York, illustre très bien l'omniprésence du cycle de vie de l'adoption des produits. Le concept de personnes différentes incarnant des visions du monde différentes ne s'applique pas seulement aux technologies.

Dans les années 90, le gastronome Jim Leff a découvert un petit restaurant sans prétention nommé le Jackson Diner. Il en a parlé avec émotion à tous ceux qui, comme lui, vouaient un culte à la bonne chère. De plus, il en a fait l'éloge dans un obscur guide de restaurants dont il est l'auteur (pour en savoir plus, visitez le site www.chowhound.com). Les intrépides lui ont emboîté le pas et se sont extasiés autant que lui sur la qualité de la cuisine, mais le restaurant lui-même était rarement plein. Les non-initiés en ignoraient l'existence parce qu'ils avaient d'autres habitudes et d'autres références – alors. Sur le plan de la restauration, le Jackson Diner demeurait encore en marge de la bonne société.

Et puis vint un actuaire du nom de Doron Scharf, qui envoya une critique dithyrambique du restaurant à *Zagat* (un guide des restaurants). De nombreux autres amateurs de bonne cuisine firent la même chose. *Zagat* octroya alors une note mémorable au Jackson Diner, le classant parmi les meilleurs restaurants indiens de New York.

En l'espace d'une année, les consommateurs ayant intégré le plaisir d'aller dans des restaurants répondant à leur vision du monde (et qui étaient par conséquent des lecteurs assidus de *Zagat*) se mirent à affluer au Jackson Diner. L'histoire était bonne (« Un petit restaurant au fin fond du Queens... Il n'y a que les gens du quartier qui le connaissent... »), et le restaurant n'avait plus rien de commun depuis que *Zagat* l'avait recommandé.

Trois ou quatre années plus tard, le Jackson Diner a commencé à se détériorer. C'est aujourd'hui un établissement comparable (et à de nombreux égards inférieur) à d'autres restaurants indiens, et ses adeptes de la première heure l'ont déserté. Les propriétaires ont compris qu'il n'y avait plus rien à faire pour plaire à leur clientèle et ne font effectivement plus rien.

L'ironie de la chose, c'est que le restaurant n'a jamais été aussi populaire. Les suiveurs de tendances (ceux qui ne fréquentent que les endroits que tout le monde fréquente) occupent chaque soir toutes les tables du restaurant. Il leur importe peu que la cuisine ne soit plus aussi bonne qu'avant. Ce qui compte pour eux, c'est qu'ils ont une histoire à raconter (« Mon ami Bob y va depuis des années, et le *Times* en a parlé il y a quelque temps... ») – une histoire qui fait du Jackson Diner un choix gastronomique éclectique, mais sûr.

Tout cela explique pourquoi la plupart des restaurants à la mode sont généralement moins bons que lorsqu'ils ont ouvert leurs portes. Plus ils gravissent la courbe de la popularité, moins leur succès dépend de leur cuisine et plus il dépend de leur histoire.

Le savon liquide Avalon

J'ai devant moi une bouteille de savon liquide Avalon à base d'extraits de plantes. C'est un savon thérapeutique à la glycérine et au romarin contenant 70 % d'ingrédients biologiques autorisés.

Ce savon (qui se vend dans une bouteille de plastique munie d'une pompe) coûte à peu près trente fois plus cher par utilisation qu'un savon ordinaire.

Vaut-il vraiment trente fois plus cher ? Va-t-il me rendre trente fois plus propre ? Les savons doivent-ils absolument être biologiques ? Non, bien sûr. Et pourtant, j'ai aperçu le produit d'Avalon dans la salle de bains d'au moins trois de mes connaissances.

Tout commence dans le magasin. On prend la bouteille, on la touche, et on se sent bien. Il est agréable de savoir qu'on peut s'offrir le luxe de l'acheter. Agréable de se raconter une histoire sur les champs de romarin biologique. Agréable de se faire croire qu'on peut faire quelque chose pour la planète en encourageant la petite entreprise sympathique qu'est Avalon.

L'utilisation du savon ne fait que raviver le sentiment de bien-être que nous avons éprouvé en achetant l'article. Surprenant, mais vrai : le produit en soi n'est que le souvenir de l'excursion qui nous a mené jusqu'au magasin, le rappel du doux sentiment qu'a fait naître chez nous l'achat.

Avalon joue sur les mêmes sentiments que ceux qui nous empêchent de nous défaire de notre bague de fiançailles. Ce n'est pas la bague qui compte ; ce sont les souvenirs qui y sont associés. Le savon acquiert le pouvoir d'évocation d'un bijou.

La création de Fox News

Les nouvelles télévisées ne sont pas « vraies ». Comment pourraient-elles l'être ? Il y a trop de choses à dire, trop de points de vue à analyser, trop de sujets à traiter. On ne pourra jamais présenter tous les faits et tous les points de vue à la télévision. Tout ce que peut espérer un journaliste de télévision, c'est de combiner les reportages sensationnalistes sur les meurtres et les incendies (nouvelles qui font vendre de la publicité, puisque chacun en raffole) aux reportages plus substantiels, mais moins prisés, sur l'actualité internationale. Idéalement, ce journaliste devrait également exercer son métier sans faire preuve de partialité.

Fondée en 1996 par Rupert Murdoch et Roger Ailes, la chaîne d'information en continu Fox News a choisi une approche différente. Sachant qu'il n'existe pas d'organe d'information entièrement dépourvu de parti pris, elle a décidé d'en finir une fois pour toutes avec ce problème inévitable en cadrant ses nouvelles en fonction de la vision du monde de son auditoire cible.

La vision du monde de cet auditoire ?

- Le désir d'écouter une histoire cohérente.
- Un point de vue qui privilégie la responsabilité personnelle, les valeurs conservatrices et la politique républicaine.
- Une apparente impartialité, par opposition à une évidente démagogie.

Voilà comment Fox News a décidé d'affirmer son parti pris et de cadrer son histoire. Au lieu de combiner de manière aléatoire de multiples préjugés individuels, Fox News a décidé de raconter une histoire cohérente, de créer un mensonge que tous ses téléspectateurs pouvaient choisir de croire.

Commençons par le slogan de la chaîne : « *Fair and Balanced* » (équitable et équilibré). L'affirmation est peut-être discutable, mais le slogan en soi est tout à fait brillant. Il valorise l'auditoire, lui rappelle qu'il ne fait pas partie d'une petite minorité et renforce le message que son point de vue est juste et valable. Un slogan comme « Le point de vue conservateur » serait précisément celui à éviter à tout prix. C'est la subtilité qui donne à l'histoire sa portée. En agissant comme si elle représentait l'opinion de la majorité, Fox News a cadré son histoire de manière à se faire comprendre par son public.

Les slogans ont leur importance, surtout dans ce cas. La vision du monde qu'avaient les téléspectateurs de Fox News était celle de citoyens méprisés par les médias établis. Et voilà qu'un réseau diffusait enfin des nouvelles avec lesquelles ils étaient d'accord ! Plus encore, ce réseau leur disait qu'ils représentaient la majorité et que les nouvelles qu'ils écoutaient étaient « équitables et équilibrées ».

Chaque jour, la direction de Fox envoie une note de service à ses rédacteurs, producteurs et annonceurs. On y dresse la liste des sujets à traiter, décidant ainsi de l'histoire qui sera contée ce jour-là. En collant les nouvelles à l'histoire (et non le contraire), Fox établit un point de vue ; elle raconte une histoire à laquelle les téléspectateurs sont heureux de souscrire. Elle leur fournit le mensonge dont ils se convaincront et, fait tout aussi important, qu'ils propageront.

En délivrant un message cohérent, facile à répercuter, Fox News raconte une histoire qui coïncide avec la vision du monde de son auditoire et que celui-ci s'empressera de propager. Que l'on soit ou non d'accord avec ses opinions politiques, on ne peut nier son succès. Sachant que son travail consiste à raconter une histoire, Roger Ailes s'est servi de cette idée pour créer un empire de plusieurs milliards de dollars.

Rien de cela n'aurait vraiment d'importance si les cotes d'écoute de Fox News n'étaient pas montées en flèche. Pourquoi l'audience de la chaîne a-t-elle grossi ? Parce que, convaincus du mensonge qu'ils ont choisi de croire, les auditeurs de Fox ont pu facilement convertir leurs amis. Fox News est une vache pourpre, un phénomène remarquable dont on ne peut pas s'empêcher de parler. Résultat : des téléspectateurs qui n'auraient jamais daigné écouter les nouvelles de Fox il y a encore cinq ans les suivent aujourd'hui régulièrement. Pas parce que la publicité les a convaincus, mais parce que leurs amis et leurs voisins leur ont parlé du produit.

Qu'est-ce qu'on mange ?

Voici une critique d'un restaurant thaïlandais parue dans la revue *New York :* « Agencée selon les règles du *feng shui*, la pièce a été décorée de boiseries et de soieries thaïlandaises. Les tables sont placées au centre d'un miroir d'eau où flottent des bougies allumées et des nénuphars que le personnel fait aller et venir, comme pour nous donner l'impression que nous descendons doucement le fleuve Chao Phraya, à Bangkok, ou quelque autre cours d'eau qu'empruntaient les anciennes familles royales. »

Ah bon ? Je croyais qu'on était ici pour savourer la cuisine thaïlandaise.

Quelle idée ! Nous sommes ici pour écouter une histoire. Si celle-ci est authentique, qu'elle nous émeut et qu'elle s'intègre au monde de nos désirs, peut-être en parlerons-nous à nos amis. Peut-être.

Comment intéresser les consommateurs à la radio par satellite

Sirius Satellite Radio a investi plus de 100 millions de dollars dans la construction d'un réseau national qui permet aux conducteurs de véhicules de capter des stations de radio au moyen d'un récepteur spécial. Comme la technologie est maintenant au point et que plusieurs acteurs investissent le marché, c'est au tour du marketing de prendre la relève afin d'inciter les consommateurs à s'abonner au service. Sirius a consacré au moins autant d'argent à l'enrôlement de nouveaux clients qu'à la construction de son réseau.

Pour faire connaître ce service, un marketeur traditionnel aurait normalement recours à une publicité axée sur les avantages du produit. Il ciblerait probablement les lecteurs de revues spécialisées dans les autos ou l'acoustique. Examinons les faits suivants concernant Sirius.

- Le service fonctionne de la même manière dans toutes les régions des États-Unis.
- Il y a plus de 100 stations.
- Tous les genres de musique sont proposés.
- La qualité du son est presque invariablement excellente.
- Le service coûte 10 $ par mois.
- Le client doit posséder un récepteur spécial pour capter les fréquences de Sirius.

Le service de marketing de Sirius a dû faire certains choix. Les faits mentionnés ci-dessus étaient jugés beaucoup trop complexes pour être expliqués en détail. Et même si le directeur du marketing s'était aventuré à le faire, très peu de gens se seraient donné la peine d'écouter de pareilles subtilités. Ils auraient ignoré la publicité de l'entreprise et aurait continué à vaquer à des occupations qui les intéressaient autrement plus.

Sirius doit pourtant raconter une histoire. Celle-ci pourrait porter sur la qualité de la réception ou sur la couverture nationale. Le problème, c'est que les clients potentiels (qui sont surtout des routiers) se plaignent rarement de leur mauvaise réception radio et ne souhaitent pas forcément écouter les mêmes chansons partout où ils vont. Ces préoccupations ne font pas partie de leur vision du monde. En fait, la plupart des gens sont de l'avis contraire : ils sont tout à fait satisfaits des services de radio qu'ils ont. Si vous vous moquez d'avoir de meilleures offres de radio, il va de soi que la meilleure station du monde ne saurait attirer votre attention. Vous ne serez même pas conscient de son existence.

Le nom de l'entreprise lui-même pose problème. Sirius Satellite Radio. On a l'impression qu'il s'agit d'une technologie mystérieuse, supérieure à celle de la radio traditionnelle. Or, si vous êtes convaincu que vos services de radio ne sont pas inférieurs à ceux que pourraient vous proposer d'autres fournisseurs, vous ne prendrez pas la peine de vous raconter un mensonge sur des services potentiellement supérieurs.

Sirius pourrait surmonter les réserves de ses clients possibles en baissant ses tarifs (j'entends déjà le directeur des ventes se lamenter : « Mais nos prix sont bien trop élevés ! »). Mais là n'est pas le problème. Le hic, c'est que l'histoire ne comble pas les besoins du public et que, tant qu'elle ne le fera pas, les tarifs de l'entreprise seront toujours trop élevés. Combien seriez-vous disposé à payer une enclume ? Un dollar ? Et s'il s'agissait d'une très belle enclume ? Ce serait toujours un dollar si aucune histoire ne vous convainquait des avantages que ce produit présente pour vous.

Sirius pourrait miser sur la variété. Elle pourrait raconter une histoire sur les centaines de stations différentes qu'elle propose jour et nuit (en rappelant qu'elle ne tolère aucune interruption publicitaire). Mais le même problème se pose. La plupart des gens jugent que les émissions de radio sont suffisamment variées. Pourquoi s'abonneraient-ils à un service afin de régler un problème qui n'existe pas ?

Alors, que fait Sirius ?

Elle engage Howard Stern.

Le style de Howard Stern n'est pas du goût de tout le monde, et beaucoup de gens n'apprécient guère le personnage. Mais ceux qui l'aiment voudront s'assurer de pouvoir l'écouter chaque fois qu'ils le désirent. En mettant le grappin sur Howard, en l'arrachant à la radio traditionnelle, Sirius a effectivement cassé ce médium, du moins pour le public de Stern, qui compte des millions de personnes. Sans Howard, la bonne vieille radio n'est plus ce qu'elle était. Chacun devra remédier à cette situation. Et Sirius peut justement raconter une histoire sur le remède qu'elle propose pour la modeste somme de 10 $ par mois. Le nombre de stations, la qualité de la réception et toutes les astuces publicitaires possibles et imaginables n'ont plus aucune importance. Sirius ne devrait même pas en souffler mot aux fans d'Howard Stern. Ce qui compte, c'est que Sirius a maintenant l'occasion de raconter une histoire à des gens qui non seulement veulent l'écouter, mais le croiront forcément.

Avec le temps, les millions de fans de Howard Stern qui se seront abonnés à Sirius découvriront les avantages de cette radio. Il se peut même que certains de ces avantages soient assez convaincants pour former le sujet d'une histoire qu'on se contera, qu'on propagera.

Comment amener les gens à voyager

Dans tous les bureaux de vente de l'agence de voyages britannique Lunn Poly, on relâche des bouffées d'odeur de noix de coco à l'aide de minuscules distributeurs électriques. Cette senteur « déclenche une réaction immédiate chez les clients, pour qui elle évoque les lotions solaires et les plages tropicales ».

Aucun besoin pressant ne nous oblige à faire un voyage dans les îles grecques. Mais les désirs qui nous poussent à le faire sont infiniment subtils. Si les agences de voyages s'intéressaient plus à l'odeur des noix de coco et moins aux tarifs les plus bas qu'elles puissent trouver, elles seraient beaucoup moins menacées par des concurrents comme Travelocity. Pour se démarquer, elles doivent créer une expérience personnalisée qu'il est impossible de vivre devant un ordinateur.

La fin des bijouteries ?

Mark Vadon est le chef de la direction de bluenile.com, un site commercial dont le but est de rafler les profits du marché de la bijouterie. Il compte y parvenir en substituant une histoire à une autre. « Nous voulons être le Tiffany de la prochaine génération », affirme-t-il. C'est chose presque faite : l'année dernière, Blue Nile a vendu plus de bagues de fiançailles que Tiffany & Co.

On peut facilement se méprendre sur son succès si on s'arrête uniquement au fait qu'il offre à moitié prix des bijoux identiques à ceux vendus dans les prestigieux étuis bleus de Tiffany. Mais si c'est le produit bon marché que vous cherchez, vous trouverez toujours un produit bon marché encore meilleur marché. Vendre bon marché, ce n'est pas faire du marketing. L'histoire de Blue Nile n'est pas une histoire de produits bon marché. Mark sait très bien que quelqu'un d'autre pourrait un jour vendre des bijoux à plus bas prix encore que lui.

Mark parle avec affection de ses diamants : « On apprend à les aimer. On découvre d'où ils viennent, qui les a taillés. Chaque diamant a son histoire. »

Si Blue Nile a vendu pour 348 millions de dollars de diamants en 2011, c'est parce que, comme Tiffany, il raconte une histoire que l'acheteur croit. Une histoire centrée sur la qualité, mais aussi sur le consommateur ciblé : celui-ci serait plus intelligent que les pauvres pigeons qui se sentent obligés d'acheter des bijoux chez Tiffany.

L'histoire de Blue Nile s'adresse directement aux hommes (ceux qui achètent des bagues de fiançailles) et colle parfaitement à leur vision du monde. Voici ce qu'elle leur dit : « Vous êtes assez intelligent pour acheter le bon diamant au bon endroit ». Tiffany ne peut pas raconter cette histoire. Les vendeurs les moins chers non plus. Les femmes détestent Blue Nile parce qu'il leur révèle que Tiffany frise la fraude en vendant une boîte bleue à plusieurs milliers de dollars. Les hommes l'aiment précisément pour la même raison.

Blue Nile vend-il une marchandise ? Non. Une marchandise comble un besoin, non un désir. Personne n'a besoin d'un diamant pour vivre.

L'ironie, c'est que les bijouteries qui se croient obligées de brader leurs produits sont en train de signer l'arrêt de mort de leur marché.

« Nous ne voulons pas vendre nos diamants comme de simples marchandises », explique Jonathan Bridge, de la chaîne de bijouteries Ben Bridge Jeweler. Il n'y a qu'une manière d'y arriver : cesser d'être obnubilé par des détails comme les carats et raconter une histoire. « Chaque diamant est différent, dit-il. Cela n'est pas sans contribuer à l'aura de romantisme qui l'entoure. »

Les abonnés de Napster sont de grands consommateurs de musique

L'industrie du disque est dans l'ensemble obtuse et réactionnaire. Ses magnats ne voient pas plus loin que le bout de leur nez et n'accordent aucune attention aux visions du monde.

Quel genre d'individu, s'interrogent-ils, ira s'abonner à Napster (l'original), à LimeWire ou à d'autres services pair-à-pair *(peer-to-peer)* ? Selon l'analyse bornée de la Recording Industry Association, ce sera quelqu'un qui cherche « de la musique gratuite ». En réalité, ces services sont utilisés par des gens qui, de par leur vision du monde, attachent une grande importance à la musique (et plus particulièrement à la nouvelle musique).

N'est-ce pas le profil type de l'acheteur de CD et de l'amateur de concerts ? Wilco l'a très bien compris. Ce groupe rock, qui jouit d'une immense popularité, a décidé de lancer son dernier album sur Internet, gratuitement et dans son intégralité.

Dans une entrevue qu'il a accordée à Tim Manners, Jeff Tweedy (le fondateur du groupe) décrit ainsi le point d'intersection du piratage et du marketing : « Une œuvre d'art n'est pas une miche de pain. Quand quelqu'un vole du pain dans un magasin, la chose s'arrête là. Une fois consommé, ce pain n'existe plus. Quand quelqu'un télécharge un morceau de musique, il ne fait que prendre des données. Et celles-ci ne sont rien tant qu'il ne leur a pas donné une signification, tant qu'il n'en a pas fait de la musique avec ses oreilles, sa tête et son expérience subjective. La manière dont les gens perçoivent notre travail le transforme. Il est absurde de traiter notre public comme des voleurs. Quiconque choisit d'écouter notre musique est un collaborateur ».

Tweedy raconte une histoire que les gens veulent entendre, qu'ils n'ont aucune peine à croire. Le mensonge se répandra d'utilisateur à utilisateur et, très bientôt, Wilco deviendra un groupe unique parmi les milliers d'autres qui se démènent pour attirer l'attention de cet auditoire concerné et passionné. En se démarquant, Tweedy et son groupe finiront par vendre beaucoup plus d'albums que ceux qui traitent cette énorme cohorte comme une bande de voleurs invétérés.

Le dirigeable de Goodyear

Si vous voulez un exemple éclatant des vieilles habitudes de pensée du petit écran, ne cherchez pas plus loin que le dirigeable de Goodyear. En promenant son nom dans les annonces publicitaires d'émissions sportives, Goodyear a fait connaître le dirigeable au monde entier.

Et puis après ? Il ne fait pas acheter de pneus.

Ce n'est pas parce les consommateurs connaissent votre nom qu'ils connaissent votre histoire. Ils ne peuvent pas croire votre mensonge : vous n'en proposez aucun. Tout ce qu'ils voient, c'est un dirigeable et un nom.

Michelin raconte une histoire (la sécurité). Elle a quelque chose à dire, et les consommateurs achètent fièrement ses pneus. Goodyear, en revanche, ne retire de son dirigeable que la reconnaissance de son nom et, peut-être, de bonnes places pour son PDG au Super Bowl.

Petit extra n° 2 : des pratiques avancées

La fertilité

Chaque public réagit différemment. Les lecteurs d'*Organic Style* sont deux fois plus susceptibles que d'autres de détenir un diplôme universitaire, et plus de la moitié d'entre eux recommandent des produits annoncés ou décrits dans ce magazine. Ces gens ne se distinguent pas par leurs revenus ou par leur pouvoir d'achat, mais par leur vision du monde. De plus, ils s'entourent d'amis enclins à écouter une nouvelle histoire.

L'importance du choix d'un segment de population de préférence à un autre est décuplée du fait de l'impact du bouche-à-oreille. Les maisons de disques ciblent avec raison les élèves d'écoles secondaires, parce que ceux-ci sont plus portés à faire écouter leur musique à des amis et à faire état de leurs opinions et de leurs impressions à leur entourage. Une idée virale se propage dans la communauté d'un campus beaucoup plus rapidement qu'elle ne le fait dans un immeuble de New York.

Les gens ne sont pas tous identiques. Certains sont portés à s'exprimer, d'autres pas. Dans la plupart des cas, toutefois, les personnes qui ont les mêmes affinités se regroupent. Les adolescents ont plus d'amis et se parlent plus souvent que les résidents d'un centre de soins infirmiers, par exemple.

Ne l'oubliez pas : le marketeur raconte une histoire. Le consommateur y croit et en fait un mensonge qu'il raconte à d'autres consommateurs.

C'est à cette seule condition que le marketeur peut réussir, et que les ventes peuvent augmenter. Le point de départ essentiel de toute narration d'histoire est donc de repérer les segments les plus enclins à s'insérer dans cette dynamique.

L'exemple suivant le prouve on ne peut plus clairement. Le site changethis.com, qui publie des manifestes d'auteurs connus, les met à la disposition des internautes à titre gratuit. Le site tient un compte de tous les téléchargements et de tous les envois de documents qu'on y effectue. Il a constaté que son extrait du manifeste *Art of the Start*, de Guy Kawasaki, avait enregistré un taux de circulation entre serveurs d'environ 4,5 %. De plus, près de 5 % des personnes qui avaient téléchargé l'extrait l'ont fait parvenir à au moins un de leurs amis. Tom Peters a écrit un texte sur la délocalisation dont le taux de circulation a été de 2 %. Dave Balter, qui est beaucoup moins connu que les deux auteurs précédents, a publié un texte sur les modes et le marketing qui a atteint un taux de circulation tout à fait surprenant de 8 %. Autrement dit, le texte de Dave, qui a été téléchargé aussi souvent que ceux de Guy et de Tom, avait quatre fois plus de chances que celui de Tom d'être envoyé par une personne à une autre. La différence est énorme.

À cet égard, un texte d'Amnesty International portant sur la peine de mort a obtenu un score encore plus renversant : son taux de circulation était de zéro.

Ce qu'il faut en déduire, c'est que vous devez absolument choisir le public auquel vous vous adressez. Celui de Dave était porté à échanger des idées. Celui d'Amnesty International n'avait pas une vision du monde qui le prédisposait à en faire autant. Si vous choisissez un auditoire infertile, n'allez pas vous étonner que votre idée ne se propage pas.

Les visions du monde changent

Que se passe-t-il quand vous êtes admis en faculté de médecine ?

Il se trouve que vos préférences et vos attentes changent considérablement. RBC est la septième banque en importance en Amérique du

Nord. À l'issue de quelques recherches, elle a découvert qu'elle occupait environ 1 % de la part de marché constitué par les étudiants d'écoles de médecine et d'art dentaire.

Elle a alors mis en scène une histoire destinée exclusivement à ces clients potentiels. Celle-ci amalgamait différents programmes de la banque et les cadrait de manière à les aligner sur la nouvelle vision du monde de la clientèle convoitée. Cette élite se composait de dizaines de milliers de jeunes adultes qui venaient de changer radicalement leur façon d'envisager l'avenir et qui souhaitaient ardemment entendre une histoire sur leur vie future.

En l'espace de quelques années, la part de marché de RBC avait grimpé à 27 %. Pour Richard McLaughlin, de RBC, le coût du programme ne représentait guère plus qu'une « erreur d'arrondi » et il prévoit que la part de marché de la banque pourrait atteindre les 50 %.

Voilà de toute évidence un groupe fertile – du moins à son stade de transition d'une vision du monde à une autre. Le plus difficile n'est pas de lui vendre des services, mais de le cerner correctement et de lui raconter l'histoire qui lui convient. Vous pouvez difficilement changer la vision du monde des gens, mais vous pouvez tirer parti des occasions qui se présentent à vous quand le monde se met à changer pour eux.

La vie complexe des choses simples

Ce ne sont pas seulement les visions du monde qui changent. Il arrive aussi que les impressions que nous avions d'un produit ou d'un service se transforment avec le temps. J'ai visité la semaine dernière la galerie Albright-Knox de Buffalo, dans l'État de New York. En me promenant dans les allées, j'ai revu des peintures que je me rappelais avoir vues quand j'étais enfant. Les sentiments que j'éprouvais en tant qu'adulte étaient très différents de ceux que j'avais éprouvés en tant qu'enfant. Mais la nostalgie noyait toutes ces impressions de jeunesse. Les peintures prenaient un sens différent, non parce qu'elles avaient changé, mais bien parce que moi, j'avais changé.

Certains photographes professionnels utilisent encore des appareils photo à pellicule, même si les modèles numériques sont moins chers, plus rapides et plus efficaces. Ce n'est pas l'appareil en tant que tel qui compte, c'est le sentiment qu'il procure au photographe. Avec le temps, l'appareil photo à pellicule a cessé d'être un outil pour devenir une partie intégrante de la perception que ce professionnel a de lui-même et de son travail. Il est moins facile de changer la vision du monde d'un individu que de changer les technologies.

Les technologues nous disent que les *early adopters* mettent autant de passion à haïr un produit qu'ils en ont mis à l'adorer. Si votre vision du monde est d'idolâtrer le nouveau, il y a de fortes chances que vous vous désintéressiez complètement d'un appareil que vous avez acheté il y a un ou deux mois.

C'est l'une des raisons pour lesquelles certaines entreprises progressent alors que d'autres stagnent. Le bar du coin ne survit que grâce aux habitués, qui lui impriment tout son caractère. Les nouveaux venus, qui sont les plus susceptibles de faire évoluer l'endroit, sont si intimidés qu'ils n'osent même pas y entrer. C'est qu'un bar d'habitués n'est pas un endroit comme un autre où on va prendre une bière. C'est l'un des moyens complexes par lesquels on affirme son identité et son style de vie.

Rien n'est statique. Aucune chose ne demeure éternellement pareille à elle-même. Tout ce qu'on entreprend de construire, de fabriquer ou de commercialiser transformera le marché.

Les vieilles histoires ont la vie dure

Quand nous pensons au mot *coton*, nous l'associons spontanément aux notions de nature, de confort, de douceur et de pureté. C'est que nous nous racontons depuis très longtemps une histoire sur ce matériau. Une histoire que l'industrie du coton entretient depuis des dizaines et des dizaines d'années.

Il se trouve au contraire que le coton est une véritable calamité. Aucune culture ne nécessite autant de pesticides. Le marché cotonnier reçoit plus de subventions fédérales que n'en reçoivent les autres marchés agricoles et les intérêts qui y sont liés sont scandaleusement concentrés : 80 % des fonds octroyés par le gouvernement reviennent à seulement 10 % des cultivateurs. Le coton est responsable de dégâts sociaux et environnementaux infiniment plus graves que la plupart des autres cultures. En revanche, les textiles synthétiques sont plus légers, plus frais, plus faciles d'entretien et beaucoup moins nocifs pour l'environnement.

Alors pourquoi nous accrochons-nous au coton ?

Parce que les vieilles histoires ont la vie dure. Comme nous l'avons vu à propos de Coca et du recyclage, les gens n'aiment pas changer d'avis. Il faudra attendre toute une génération pour que les consommateurs prennent conscience des ravages que cause le coton et qu'ils en tirent leurs propres conclusions. C'est une leçon importante pour les responsables des politiques gouvernementales, mais aussi un indice utile pour ceux qui veulent commercialiser une nouvelle idée : il ne faut pas rompre trop brusquement avec les vieilles habitudes !

Comment expliquer l'échec

Si, après avoir travaillé pendant plusieurs mois ou plusieurs années, vous finissez par lancer un produit ou un service qui n'a aucun succès, vous serez évidemment très déçu. Le plus irritant, c'est qu'il ne semble pas y avoir d'explication claire et simple à votre échec. Il se peut que quelque chose cloche dans votre produit, votre tarification ou même votre emballage ; dans la plupart des cas, cependant, votre échec ne semble pas avoir de raison bien précise.

Si vous analysez la situation sous l'angle des visions du monde, les choses deviennent plus claires. Il y a quatre raisons à votre échec :

- personne n'a remarqué votre produit ou service ;
- certaines personnes l'ont remarqué, mais elles ont décidé de ne pas l'essayer ;

- certaines personnes l'ont essayé, mais elles ont décidé de ne plus s'en servir ;
- certaines personnes l'ont aimé, mais elles n'en ont pas parlé à leur entourage.

Évident ? Bien sûr, car si rien de cela ne s'était produit, le problème ne se poserait même pas. En comprenant *pourquoi* votre produit ou votre service n'a pas marché, vous serez peut-être plus avisé quand vous entreprendrez votre prochaine campagne.

J'aimerais souligner qu'aucune des quatre raisons de votre échec ne vous est imputable, du moins selon les critères du marketing traditionnel. Il est rare qu'un produit échoue parce qu'il ne fonctionne pas comme il était censé le faire selon ses concepteurs. S'il était à ce point mauvais, il ne serait même pas sorti de l'usine. Je suis convaincu que, dans la plupart des cas, les germes de l'échec existent avant que le produit soit fabriqué. Le marketing entre en jeu avant la fabrication. Si votre histoire n'est pas bonne ou qu'elle n'est pas cadrée correctement, vous avez déjà perdu.

Si l'histoire que vous racontez ne trouve pas d'écho dans la vision du monde du consommateur ciblé, elle disparaît d'elle-même. Le seul remède possible est de changer la vision du monde de ce consommateur, chose pratiquement impossible.

Quatre questions sur l'échec

- **Pourquoi les consommateurs n'ont-ils pas remarqué votre produit ?**

Parce qu'ils ne le voyaient pas : ils avaient trop de choses à voir et pas assez de temps pour les voir toutes. Dans ce cas, le réflexe « par défaut » est de tout ignorer. Quand nous faisons des courses dans un supermarché, quand nous visitons une exposition commerciale ou que nous passons en revue une pile de CV, nous remarquons en fait très peu de choses.

La plupart des gens obéissent à un réflexe assez simple : si un produit n'a rien de remarquable ou d'exceptionnel, ils l'ignorent. Si quelqu'un essaie de leur vendre quelque chose, ils se dérobent.

Améliorer votre produit ne vous sera d'aucun secours, car les consommateurs ne le remarqueront pas davantage. Toutefois, aucune population n'est monolithique, et *certains* consommateurs pourront le remarquer. Ce qui nous amène à la deuxième question.

- **Pourquoi les gens qui ont remarqué votre produit ne l'ont-ils pas essayé ?**

De nombreux consommateurs ont l'habitude de « jeter un coup d'œil » sur les nouveaux produits sans les acheter. Cette attitude prévaut dans presque tous les marchés et se manifeste à l'égard de presque tous les produits. Il arrive même à ces consommateurs de se traîner jusqu'à un centre commercial dans la seule intention de lorgner quelques articles. « Je ne fais que regarder », répondent-ils au vendeur trop insistant. C'est un peu de la même manière que nous naviguons sur Internet : nous ne restons jamais très longtemps sur un site, nous cliquons rarement sur ses liens internes.

Il y a des segments de population qui feraient tout pour essayer quelque chose : les fanas de la photo cherchant désespérément une meilleure lentille, les fétichistes de la chaussure prêts à faire la queue pour acheter une paire de Nike en série limitée… Ce sont ces segments que votre histoire doit cibler – du moins dans un premier temps.

- **Pourquoi les consommateurs qui ont essayé votre produit ne vous sont-ils pas restés fidèles ?**

Des *early adopters* (qui sont portés vers tout ce qui est nouveau) ont peut-être essayé votre produit, mais n'ont pas jugé utile de le racheter parce que cela ne correspondait pas à leur *modus operandi.* Ils ont essayé votre produit comme ils essaieront demain celui de quelqu'un d'autre.

Les nouveaux produits ne percent que lorsqu'ils font vibrer une poignée des *early adopters* et leur donnent la certitude qu'ils exauceront tous leurs vœux. Mais rien ne pourra se produire si ces mêmes consommateurs n'en parlent pas à leurs amis.

- **Pourquoi n'en ont-ils pas parlé à leur entourage ?**

Pourquoi sommes-nous si mal à l'aise quand nous tentons de recommander un candidat politique à une personne que nous ne connaissons pas ou quand nous demandons à nos amis de faire un don à notre organisme de charité préféré ? Pourquoi sommes-nous gênés de parler à nos collègues d'une nouvelle boutique de lingerie ?

Pourquoi faisons-nous si facilement l'éloge d'un restaurant ou d'un nouveau CD, alors que nous nous montrons réticents à parler d'un massothérapeute ou des avantages à acheter un cercueil plusieurs dizaines d'années avant notre mort ?

Même réponse : la vision du monde. Avant d'inviter (ou plutôt d'inciter) les consommateurs à parler de son produit, le marketeur doit évaluer s'ils seront à l'aise lorsqu'ils auront l'occasion de le faire. Telle personne peut adorer les vidéos loufoques qui circulent sur Internet, mais appréhender de parler du contrôle des armes à feu. La démarcation que nous faisons entre sujets « permis » et sujets « tabous » n'est peut-être pas intentionnelle, mais c'est une réalité dont le marketeur doit tenir compte.

Si certains sites (comme Hotmail, Napster ou eBay) progressent à une vitesse fulgurante alors que d'autres ne semblent guère avancer d'un pas, c'est en partie à cause des perceptions qu'ont les consommateurs de ce qui se dit et ne se dit pas. Vous pouvez soit vous en plaindre, soit trouver une catégorie de produits qui a plus de chances de se prêter à une idée virale et cadrer votre histoire en conséquence.

Réflexion clé sur les vaches pourpres

Dans *La vache pourpre* et *Free Prize Inside !* je vous invitais à explorer plusieurs pistes pour faire circuler les idées. L'essentiel de mon message était que les idées remarquables étaient nécessairement remarquées et que c'étaient d'elles que dépendait votre croissance.

Vous avez probablement deviné que ces ouvrages parlaient de l'histoire que vous racontez à *d'autres* personnes. Mais avant de raconter une histoire à quelqu'un d'autre, vous devez d'abord vous la raconter.

Le mensonge dont le consommateur se persuade est au cœur de toute initiative de marketing fructueuse.

Au moment où j'écris ces mots, je contemple une fascinante pyramide en papier lin de cinq centimètres de hauteur, striée de délicates bandes jaunes. Quand je défais (très délicatement) la pyramide, je découvre un petit trésor : un sachet de soie renfermant quelques feuilles de thé. Cet objet ne me procure pas seulement le plaisir de boire du thé ; il m'invite à une expérience sensuelle et esthétique.

Vais-je aussitôt téléphoner à toutes mes connaissances pour leur recommander d'acheter les tisanes Tea Forte au gingembre ? Non, bien sûr. Ce thé n'est pas une vache pourpre. Mais c'est une merveilleuse histoire – en tout cas pour moi.

Je me mens quand je prépare une tasse de ce thé. Je m'offre un luxe ; je me gâte. Je me fais croire que je nourris mon âme alors que je bois seulement une tasse de thé valant 30 centimes.

Tea Forte s'est insinuée dans ma vision du monde et m'a aidé à me raconter un mensonge, mais elle n'a pas créé un thé pour tout le monde. Lipton et Tetley l'ont déjà fait. Ce que Tea Forte a réussi à faire, c'est me faire bénéficier d'une expérience qui comble mes désirs et non mes besoins. La grande question, c'est de savoir si les personnes qui partagent ma vision du monde forment un auditoire assez fertile pour donner naissance à un véritable marché.

Résoudre les problèmes au lieu de s'en plaindre

Il arrive que la vision du monde prédominante ne concorde pas avec les solutions que vous proposez ou qu'elle ne réponde pas à vos exigences de rentabilité et de croissance.

La dynamique du nouveau marketing met résolument à l'épreuve la conception du produit et les équipes de développement. Elle rend bien plus difficile qu'auparavant la commercialisation des services d'un cabinet d'experts-comptables simplement compétents ou d'un camp d'été qui ne sort pas de l'ordinaire. J'espère que vous cesserez de vous servir du marketing comme d'une béquille. Si la meilleure manière de diffuser votre message est de modifier votre histoire (et votre produit), employez-vous à le faire au lieu de vous lamenter sur les difficultés que vous rencontrez en tentant de faire entendre votre message.

Les liens commerciaux de Google donnent accès aux visions du monde que nous voulons toucher

Les marketeurs ont trop souvent tendance à chercher à pénétrer le marché de masse. Conséquemment, ce qui les intéresse avant tout dans le domaine de la presse écrite, c'est de savoir si telle publication a un gros tirage. Ainsi, si la revue *Good Housekeeping* fait payer très cher les annonces qu'elle publie, c'est parce qu'elle rejoint un vaste auditoire de mères au foyer.

Les liens commerciaux qui paraissent sur le site de Google bouleversent ces pratiques parce qu'ils offrent exactement les avantages contraires.

Une recherche effectuée sur Google à partir des mots « boutique de lingerie » affichera des liens vers plusieurs entreprises. Celles-ci auront eu l'occasion de concevoir leur page web en fonction de la vision du monde des internautes les plus susceptibles de cliquer sur ces liens.

Les nouvelles formes de communication qui prolifèrent dans Internet (comme les blogs) vous permettent de raconter une histoire rejoignant précisément les personnes qui veulent l'entendre. En 2004, le blogueur Joshua Micah Marshall a fait paraître de minuscules annonces sur des candidats peu connus au Congrès. Ce faisant, il a aidé ces personnes à recueillir plusieurs centaines de milliers de dollars. Comment s'y est-il pris ? Son blog s'adressait à des lecteurs qui avaient une vision du monde commune ; en cadrant leur publicité (et leur propos) correctement, les annonceurs ont mis en contact des gens qui voulaient entendre l'histoire qui leur était contée.

Les oxymorons

Les mots et les images dont vous vous servez pour formuler une histoire sont de puissants outils. Quand ils entrent en conflit les uns avec les autres, ils constituent un oxymoron. On ne compte plus les histoires percutantes qui jouent sur cette figure. Prenons l'expression « conservatisme humanitaire ». En alignant un énoncé sur une vision du monde (et en brouillant ainsi délibérément les attentes), on peut facilement raconter une histoire.

Certains oxymorons sont trop biscornus pour être appréciés, de sorte que les consommateurs les ignorent. Une « pharmacie *discount* », qui vendrait des médicaments éventés ou périmés, constituerait un oxymoron n'ayant aucune chance de s'imposer. D'autres oxymorons, par contre, bouleversent à ce point le statu quo qu'ils créent une histoire qui pique notre curiosité.

Une expression comme *investissement éthique*, par exemple, peut ne pas plaire à tout le monde. Mais en alignant deux idées apparemment conflictuelles, on peut raconter une histoire à laquelle de nombreux consommateurs prêteront l'oreille. À condition, bien entendu, que l'investissement soit à la fois rentable et éthique. Car il ne suffit pas qu'une histoire soit intéressante ; il faut aussi qu'elle soit authentique.

Les oxymorons nous aident à rejoindre les petits groupes encore négligés qui veulent réconcilier des désirs opposés. C'est sur un oxymoron que repose le succès fulgurant des « croisières aventure ». C'est à une autre figure de ce type qu'est due la popularité des cafés décaféinés à base de soja de Starbucks.

On nomme *physiothérapie* le traitement que certains médecins recommandent à des patients souffrant de problèmes d'articulations. Bien que la physiothérapie donne d'excellents résultats, qu'elle ne crée pratiquement aucune complication et qu'elle coûte moins cher aux patients et aux compagnies d'assurance que des traitements dispensés par des médecins, elle n'est pas recommandée aussi souvent qu'elle devrait l'être. Pourquoi ? Parce que de nombreux patients ont une vision du monde qui leur fait croire qu'ils obtiendront des résultats meilleurs et plus rapides en consultant un « vrai » médecin.

Et si on rebaptisait la physiothérapie « traitement non chirurgical » ou « chirurgie sans douleur » ? Mieux ?

Du vrai ou du toc ?

Eldon Beck a fait construire un village français « centenaire » dans les Alpes. Il a reconstitué tout un village à partir de zéro pour le compte d'Intrawest, la compagnie propriétaire de stations de ski comme Whistler.

L'idée de Beck, c'est qu'une nouvelle station de ski ne doit pas être flambant neuve. Elle doit avoir des coins et des recoins inhabituels, et il ne faut pas que toutes les maisons se ressemblent. Même s'il en coûte plus cher à la compagnie.

Intrawest n'a pas l'intention banale d'engager des employés salariés. Elle compte recruter son personnel comme un metteur en scène choisirait des comédiens. La compagnie sait qu'il n'y a pas grand-chose à faire pour rendre une station de ski plus fonctionnelle ou plus attirante qu'une autre, mais elle peut très certainement inciter des vacanciers à y passer plus de temps et à y dépenser plus d'argent. (La durée de séjour et le montant des dépenses de la clientèle d'Intrawest ont d'ailleurs doublé au cours en dix ans.) Les anthropologues du commerce de détail savent qu'on ne peut y parvenir qu'en racontant une histoire.

Intrawest ne dévie jamais de l'objectif qu'elle s'est fixé. Dans un bar de Mont-Tremblant dont elle est propriétaire, il arrive souvent que les clients soient si déchaînés qu'ils sautent sur le comptoir pour y danser. Il n'y a là rien de fortuit. Planificatrice pour Intrawest, Joanne Maislin s'est assurée que ce comptoir soit assez bas pour qu'on puisse y monter sans problèmes. Elle a également fait installer une barre de métal près du plafond pour que les clients éméchés puissent s'accrocher à quelque chose pendant qu'ils font les fous sur le zinc. Il fallait que l'invitation soit subtile. Une pancarte comme « Ici, on danse sur le comptoir » n'aurait eu aucun intérêt. Résultat : de retour au travail, les vacanciers racontent par le menu les folles soirées qu'ils ont passées au bar. Il y avait même des gens qui dansaient sur le comptoir !

Protégez-moi

La peur est malheureusement l'une des visions du monde les plus communes.

Qu'est-ce qui fait peur ? À peu près tout. Une machine à laver qui se brise après la période de garantie. La maladie du charbon. Les allergies. La grippe. Être coincé dans sa voiture. Se sentir idiot durant une réception.

Bien qu'elles soient de nature très différente, toutes ces peurs relèvent du même réflexe. Si votre vision du monde vous porte à vous protéger, vous ou votre famille, vous serez extrêmement réceptif à un produit qui mise sur vos craintes. Bien entendu, ce genre de produit n'attirera pas tous les consommateurs d'un marché donné. Mais ceux et celles qui se débattent avec des peurs ne réagiront probablement à rien d'autre.

Chaque année, bien des gens sont terrifiés par des attaques de requins qui auraient lieu dans l'Atlantique. Or, bien souvent, personne n'est blessé, et encore moins tué. Ces histoires circulent dans les médias et sont abondamment commentées par les gens qui se prélassent sur la plage, mais ce ne sont que des *histoires*. C'est l'une des expressions de la vision du monde d'une partie importante de la population. En réalité, vous courez 250 fois plus de chances de vous faire tuer en percutant un chevreuil avec votre voiture qu'en aiguisant l'appétit d'un requin. Faut-il ajouter qu'en un an on signale plus d'attaques de gerbilles à New York que de morsures de requins dans toute la Floride ? Bien entendu, les faits n'ont aucune pertinence ici. Ce qui compte, c'est le genre d'histoire que nous sommes prêts à entendre.

De nombreuses personnes ont peur de monter en avion, alors que la voiture qui les conduit à l'aéroport est plus dangereuse que l'avion qu'ils vont prendre. La peur est irrationnelle. Elle échappe au sens commun.

La commercialisation de l'éthique

Acumen Fund est l'un des organismes sans but lucratif les plus extraordinaires qui soient. Sa mission est d'aider les populations les plus démunies de la terre à devenir parties prenantes du marché mondial à titre de consommateurs, d'entrepreneurs et d'employés.

Les faits ne sont pas difficiles à relater. L'histoire l'est.

La PDG d'Acumen, Jacqueline Novogratz, rêve d'un organisme qui allierait le meilleur du monde caritatif au meilleur du monde capitaliste. Elle essaie d'aider les populations pauvres d'Afrique, du Pakistan et d'Égypte à devenir plus prospères sans être perçues comme des victimes. Son idée est de créer un fonds (elle a déjà accumulé 20 millions de dollars) qui serait investi dans des compagnies locales fabriquant des produits à prix abordable pour les habitants pauvres. Les compagnies qui vendent de tels produits augmentent du même coup le niveau de vie de leurs clients.

Par exemple, la compagnie A à Z vend des stores anti-moustiques en Tanzanie. Une famille en mesure de débourser environ six dollars peut ainsi se protéger contre la malaria pendant cinq ans. Sans même parler des risques de décès, les injections de quinine que doivent fréquemment recevoir les habitants pauvres coûtent infiniment plus cher qu'un store A à Z. La compagnie réalise des profits ; des emplois sont créés dans les secteurs de la fabrication et des ventes ; les villageois font des économies, et Acumen dégage un bénéfice sur le capital investi.

Le problème est là.

Acumen ne fonctionne pas comme une ONG traditionnelle. Il ne distribue pas des dons de charité aux personnes dans le besoin. Jacqueline Novogratz considère que ce modèle est contre-productif, inefficace et sans avenir. Acumen tire sa part de bénéfices dans les compagnies où il investit ou facture des intérêts sur les prêts qu'il leur consent.

Les pourvoyeurs de subventions, les organismes gouvernementaux et les organisations caritatives souscrivent à une vision du monde tributaire d'une très vieille tradition. Ils sont convaincus des effets bénéfiques de leurs efforts et n'ont pas très envie qu'on leur dise que « la philanthropie traditionnelle n'aide pas beaucoup les pauvres ».

De leur côté, les banques d'affaires, les individus nantis et les fonds spéculatifs, qui ont coutume de tirer des profits des capitaux qu'ils placent, ont une vision du monde qui les porte à n'investir que dans ce qui est rentable. Ils ne se préoccupent pas particulièrement du genre d'entreprise dans laquelle ils engagent de l'argent, puisqu'ils n'ont qu'un impératif : obtenir un taux de rendement supérieur de x points à la moyenne du marché. L'histoire d'Acumen ne peut pas intéresser ces groupes, même si l'organisme justifie son rendement inférieur à la moyenne par le fait qu'il œuvre pour le bien social.

S'il s'en tenait aux faits plutôt que de raconter une histoire, Acumen se retrouverait entre le marteau et l'enclume. Il a beau avoir une vision convaincante, il a beau pouvoir se targuer d'admirables réussites, il doit avant tout intéresser les investisseurs à son projet, c'est-à-dire raconter la bonne histoire aux bonnes personnes. Les grands philanthropes hésitent à lui fournir de l'argent parce le concept de l'organisme va à l'encontre de leur modèle. Quant aux gros investisseurs, ils hésitent à placer leur argent parce que le rendement prévu se situe en deçà du seuil de profit qu'ils visent.

Dans une optique de marketing traditionnel, on encouragerait Acumen à redoubler d'efforts et à solliciter sans relâche le public et les gros investisseurs.

L'organisme a opté pour une autre solution. Il a choisi de raconter une histoire aux personnes *déçues* par le discours habituel des institutions caritatives. Il rejoint ainsi les entrepreneurs qui s'intéressent à un type de philanthropie différent et plus efficace, aussi bien que les fondations qui cherchent à se faire un nom en finançant des organismes ayant une approche non traditionnelle de la philanthropie.

Toutes sortes d'oxymorons deviennent dès lors envisageables : société philanthropique sans dons, investissement social à long terme, rendement sur activités philanthropiques, dividendes de capital social…

Les donateurs déçus et les investisseurs hyperactifs qu'attire Acumen se situent en marge de leur communauté. L'organisme forge néanmoins une histoire que ces *early adopters* pourront rapporter à leurs collègues. Il raconte une histoire à un sous-groupe du public qui veut l'entendre. Il dit aux investisseurs : « Vous ne serez peut-être que 10 % à vouloir écouter cette histoire, mais cela n'a pas d'importance ». Et il raconte son histoire. En refusant d'édulcorer celle-ci et en l'alignant sur la vision du monde de son auditoire, Acumen parviendra à rejoindre ceux et celles qui *veulent* l'écouter.

Dans un premier temps, l'organisme raconte une histoire stimulante aux sous-groupes marginaux qui veulent l'écouter. Dans un deuxième temps, il assoit son histoire sur des actions authentiques et des preuves tangibles. Il y a alors de fortes chances que la vision du monde qui prédomine chez les gens voulant ressembler à leurs collègues « qui réussissent mieux qu'eux » puisse être utilisée par les adeptes initiaux de l'organisme. Grâce à cette vision, ces adeptes pourront convaincre leurs pairs de renoncer à leur désir de ne jamais prendre de risques. À mesure qu'elle infectera ces communautés, l'idée d'Acumen devrait pouvoir progresser en faisant circuler une nouvelle histoire parmi ceux et celles qui veulent l'entendre.

Par contre…

Niman Ranch, le grand fournisseur de viandes biologiques provenant d'animaux élevés en liberté, vient de lancer de la graisse de porc issue exclusivement d'animaux nourris avec des aliments biologiques et élevés en liberté : bref, du lard bio.

Hmmm.

La compagnie a presque immortalisé l'oxymoron. Elle a malheureusement changé d'avis. « Nous l'appellerons probablement saindoux… tout court… comme disent les Français », a expliqué Frankie Whitman, de Niman. « Le mot "lard" nous semblait avoir une connotation trop négative. »

Quelle horreur ! Il me semble au contraire que cette connotation négative offrait à Niman l'occasion de raconter leur plus grande histoire.

Allez, racontez-moi une histoire.

Petit extra n° 3 : la problématique des marques...

Du même auteur[1]

Cet ouvrage est le dernier d'une série de livres que j'ai consacrés à la conception, à la transmission et à la propagation des idées.

Pendant cinquante ans, la publicité (et les histoires rebattues et unidimensionnelles qui la caractérisaient) a dominé notre économie. Et puis il y a eu l'explosion des médias. Nous sommes passés de 3 à 500 chaînes de télévision, et des millions de pages web ont été publiées sur Internet. Nos choix se sont ainsi multipliés à l'infini. Il existe aujourd'hui plus de 100 marques d'eau en bouteilles, dont on fait la publicité à l'échelle nationale. Des dizaines de fabricants d'automobiles ont envahi le marché, et les options qu'ils offrent se comptent par milliers. Starbucks propose au consommateur 19 millions de façons de commander une boisson, et les biscuits Oreo se déclinent en 19 saveurs.

Devant tant de choix et de concurrence, les consommateurs ont pris conscience tôt de leur pouvoir, et la publicité a du même coup cessé de les émouvoir.

1 Tout auteur d'essai doit inclure une section de ce genre dans ses ouvrages. Pourquoi ? Parce que si vous vous êtes rendu aussi loin dans la lecture de cet ouvrage, il y a de fortes chances que votre vision du monde vous dispose à accueillir favorablement d'autres publications du même auteur. En vous racontant une histoire sur la manière dont mes livres s'enchaînent et se complètent, je vous invite à reconstituer les pièces d'un tout, à propager les idées et peut-être aussi à acheter quelques-uns de mes autres ouvrages (liste p. 169).

Selon moi, le marketing par permission donne de meilleurs résultats que la publicité agressive. En d'autres mots, il est beaucoup plus efficace d'envoyer des messages personnels et pertinents à des gens qui en ont fait la demande que de hurler à l'oreille de purs étrangers. J'ai traité ce sujet dans *Permission Marketing* (publié chez Maxima en 2001, puis 2007). Vous pouvez télécharger gratuitement le premier tiers de ce livre à l'adresse www.permission.com.

Si elles sont accueillies avec enthousiasme, les idées que nous voulons faire connaître auront peut-être le privilège de profiter du bouche-à-oreille (enrichi aujourd'hui de tous les nouveaux moyens de communication numériques). Elles deviendront alors, selon ma terminologie, des idées virales. Les idées modernes se propagent en et hors ligne. Il s'agit là d'une progression beaucoup plus rapide et efficace que celle assurée par les méthodes de vente centralisées (et démodées) auxquelles on a encore recours. *Unleashing the Ideavirus* est le livre électronique le plus lu de tous les temps. Il coûte environ 10 $ en livre de poche (Hyperion en est l'éditeur et il a été publié en français par Maxima sous le titre *Les secrets du marketing viral).* La version électronique est gratuite.

Seuls les produits remarquables se font remarquer. C'est l'évidence même, mais rien, dans la plupart des biens, des services et des produits d'application qui sont actuellement créés et commercialisés, ne semble indiquer qu'on l'ait encore compris. Tout ce qui est ennuyeux est invisible. Dans *Purple Cow* (publié par Portfolio en 2003 et paru en français sous le titre de *La vache violette* au Canada et *La vache pourpre* en France), j'insiste sur la nécessité d'être remarquable.

Finalement, ce qui rend une chose remarquable n'est pas, dans la plupart des cas, directement relié au but initial qu'on s'était fixé à son égard. Dans *Free Prize Inside !* (publié par Portfolio en 2004), je montre que c'est tout ce qu'on ajoute à un produit – style, apparence, caractère remarquable du service ou de l'établissement des prix – qui fait que les gens le vanteront à d'autres, que le bouche-à-oreille fera son œuvre.

Autres livres utiles

- GLADWELL M., *Blink: The Power of Thinking Without Thinking*, Little Brown and Company, 2005.
- HUBA J., MCCONNELL B., *Creating Customer Evangelists: How Loyal Customers Become a Volunteer Sales Force*, Lewis Lane Press, 2012.
- KAWASAKI G., *Selling the Dream*, Harper Business, 1992.
- LAKOFF G., *Don't Think of an Elephant! Know Your Values and Frame the Debate*, Chelsea Green Publishing, 2004.
- LAW A., *Creative Company: How St. Luke's Became "the Ad Agency to End All Ad Agencies"*, Wiley, 1999.
- MOORE G. A., *Crossing the Chasm*, 3e éd., Harper Business, 2014.
- NORMAN D. A., *Emotional Design: Why We Love (or Hate) Everyday Things*, Basic Books, 2005.
- PETERS T., *The Pursuit of Wow!* Vintage, 1994.
- PETERS T., *The Tom Peters Seminar: Crazy Times Call for Crazy Organizations*, Vintage, 1994.
- RIES A., TROUT J., *Positioning: The Battle for Your Mind*, McGram-Hill Education, 2001.
- ROSENZWEIG B., ZIEGLER M., ZIEGLER P, *The Republic of Tea: Letters to a Young Entrepreneur*, Doubleday & Company, 1992.
- SCOTT J. C., *The Moral Economy of the Peasant: Rebellion and Subsistence in Southeast Asia*, Yale University Press, 1977.
- UNDERHILL P., *La science du shopping*, Pearson, 2001.
- ZIGLAR Z., *Les secrets pour conclure la vente*, Un Monde different, 1990.

Récapitulons...

Ne me rapportez pas seulement des faits.
Racontez-moi plutôt une histoire.

Soyez remarquable ! Soyez cohérent ! Soyez authentique !

Contez votre histoire aux gens qui sont enclins à la croire.
Le marketing est un outil puissant. Faites-en bon usage.
Incarnez la fiction que vous créerez.

- **Il faut raconter une histoire, soit. Mais avez-vous un plan pour le faire ?**

Ceci doit devenir un élément essentiel de toute stratégie de marketing ou d'affaires. Toutes les organisations (organismes sans but lucratif, jeunes ou grandes entreprises, partis politiques) déterminées à réussir doivent se doter d'un tel plan. Clarifiez les grandes lignes de votre histoire, et vous voilà lancé.

Tout doit commencer par une discussion sur le groupe auquel vous voulez raconter votre histoire. Toutes les personnes qui en font partie doivent avoir une vision du monde commune – une vision les disposant à écouter votre histoire.

- **Quelle vision du monde ciblez-vous ?**

Si on ne vous remarque pas, vous devenez invisible. Vous ne pouvez pas raconter une histoire et vous attendre à ce que tout s'arrête là. Celle que vous devez conter pour vous faire remarquer doit concorder avec la vision du monde du groupe auquel vous vous adressez ; elle doit également être claire et facile à saisir.

- **Quel cadre utilisez-vous ?**

Comment allez-vous cadrer votre propos pour que les personnes partageant la vision du monde que vous visez le remarquent, l'écoutent et le croient ?

- **Qu'est-ce qu'une histoire digne d'être remarquée ?**

Une fois que vous l'aurez cadrée correctement, vous pourrez raconter une histoire subtile. Servez-vous de cadres pour faire en sorte que celle-ci convienne aux personnes partageant la vision du monde que vous ciblez. Racontez une histoire dont votre auditoire se préoccupe (et dont vous apprendrez vous aussi à vous préoccuper). C'est une occasion qui ne reviendra pas. Puisque vous devrez vivre avec l'histoire que vous aurez choisie, prenez soin de retenir une histoire qui marche, et non une histoire qui plaît à votre patron.

- **Comment allez-vous vivre votre histoire ?**

Soyez authentique. Incarnez votre histoire. Vous feriez un très mauvais calcul en faisant des promesses que vous ne pourrez pas tenir ou en visant des résultats à court terme au lieu d'une réussite à long terme. Vous disposez d'un outil puissant. Êtes-vous prêt à vous en servir pour améliorer la vie des gens ?

- **Quelles décisions difficiles êtes-vous prêt à prendre pour ne pas compromettre la réalité, l'authenticité et la pureté de votre histoire ?**

Le compromis est l'ennemi de l'authenticité.

Créez des mécanismes permettant aux individus qui croient votre histoire d'en parler à leurs amis et à leurs collègues. Ce n'est pas en commercialisant directement votre produit auprès de personnes dont la vision du monde est étrangère à votre histoire que vous réussirez à la propager. Votre histoire se propagera quand les gens en parleront entre eux. Elle se propagera grâce au pouvoir des interactions individuelles.

- **Quels sont les raccourcis que peuvent prendre vos adeptes pour raconter l'histoire à leurs amis ? Comment pouvez-vous les aider à cadrer l'histoire ?**

Si le produit ou le service que vous offrez ne vous permet pas de vous charger de cela vous-même, *modifiez-le* !

- **Comment pouvez-vous transformer radicalement votre produit ou votre service afin de rendre votre histoire naturelle et aussi facile à comprendre qu'à raconter ?**

Si vous ne parvenez pas à prendre de l'essor, le problème est fort probablement lié à votre produit et non à votre publicité. Osez transformer ce produit pour en faire ce qu'il mérite d'être.

- **Quelle valeur a le consentement du consommateur ?**

En dernier lieu, sachez que les gens qui, de par leur vision du monde, sont prédisposés à vous écouter et à vous croire sont les consommateurs les plus précieux du monde. Demandez-leur la permission de donner suite à leur intérêt et mettez-vous au travail pour créer les produits qu'ils voudront acheter.

Et vous, quelle est votre histoire ?

C'est ce que les gens vous demandent. Ils veulent que votre CV, votre emballage, votre programme politique, votre publicité et votre service à la clientèle leur racontent une histoire.

Le défi qu'il vous faut relever est clair. Vous devez créer une histoire cohérente, authentique et cadrée en fonction de la vision du monde de l'auditoire auquel vous la racontez. Votre histoire doit être forte, honnête et transparente, et vous devez être prêt à la vivre sans réserve.

Tous les marketeurs sont des menteurs, c'est vrai. Mais ceux qui réussissent le mieux sont ceux qui peuvent raconter honnêtement une histoire que nous voulons croire et dont nous voulons parler.

Si vous espérez vendre un produit, un service, un candidat ou un organisme qui influe de manière bénéfique sur les gens, et si vous espérez tirer un profit (revenus, part de marché ou votes) de l'état d'esprit que vous alimentez chez eux, alors VOUS devez réorienter vos initiatives. Concentrez-vous sur l'histoire que vous racontez. Celle-ci influe sur les sentiments que votre auditoire nourrit à l'égard de votre produit. Une fois créée et contée, l'histoire *est* le produit.

Certains consommateurs éviteront, repousseront ou dénigreront votre histoire. Ne vous en faites pas. Racontez cette histoire aux gens qui souhaitent l'écouter, qui veulent la croire et qui la raconteront à leur tour à leurs amis.

Avant de raconter une histoire, vous n'avez pas d'autre choix que de la vivre. C'est à cette seule condition qu'elle sera authentique. Tous les gestes que vous faites, tous les signaux que vous envoyez doivent coller à l'histoire.

En dernier lieu, soyez conscient que vous êtes en position de pouvoir. Servez-vous de ce pouvoir pour agir de bonne foi, dire l'entière vérité et faire circuler des idées qui valent la peine d'être propagées.

Dédicace et remerciements

Ce livre est dédié à Alex, à Mo et à mon père. Et bien sûr à Hélène, pour toutes les belles histoires qu'elle réussit à rendre vraies.

S. G.

Une dernière histoire : j'ai beaucoup de chance. L'iconoclaste que je suis et la forte tête que je peux facilement devenir a quand même réussi à s'entourer d'un groupe d'amis scandaleusement intelligents qui n'hésitent pas à me faire remarquer mes erreurs. Mon problème, c'est que je néglige trop souvent l'avis de ces personnes.

Mes remerciements à Megan Casey, Adrian Zackheim, Will Weisser, Joseph Perez et Allison Sweet, de Portfolio. Mes remerciements aussi à Lisa Dimona, Karen Watts et Robin Dellabough, de Lark, ainsi qu'à Amit Gupta, de Changethis.com

J'ai beaucoup appris sur la narration d'histoires appliquées aux situations réelles grâce à Sarah Crary Cohen, Carol King, Marcus Jadotte, Dave Balter, Sripraphai Tipmanee, Elizabeth Talerman, Jerry Shereshewsky, Vivian Cheng et Jacqueline Novogratz. Et à Tom Peters, qui mérite que je lui consacre une phrase complète. Ce livre a été inspiré par les écrits de George Lakoff et de MaJcolm Gladwell.

Des personnes géniales (qui me font aussi l'honneur de leur amitié) m'ont aidé à resserrer mon travail et à le pousser plus loin : Red Maxwell, Jonathan Sackner-Bernstein, Jerry Colonna, Tom Cohen, Chris Meyer, Lynn Gordon, David Evenchik, Patti Jo Wilson, Jen Clavier, Charlotte Okie, Richard Primason, Alan Webber, Bill Taylor, Stuart Krichevsky, Michael Cader, Barbara Johnson, Joanne Kates, Marilyn Wishnie et Drew Dusabout. Ce sont tous et toutes des conteurs et des conteuses superbes (et authentiques).

84317 - (I) - SOP 90° - NOC - BTT

DUPLIPRINT
733, rue Saint-Léonard, 53100 MAYENNE
N° 2975955W
Dépôt légal : septembre 2022

Imprimé en France